LEURS

EXCELLENCES

L'auteur et les éditeurs déclarent réserver leurs droits de traduction et de reproduction à l'étranger.

Cet ouvrage a été déposé au ministère de l'intérieur (section de la librairie) en novembre 1878.

LEURS
EXCELLENCES

PAR BRADA

Edition illustrée par STOP

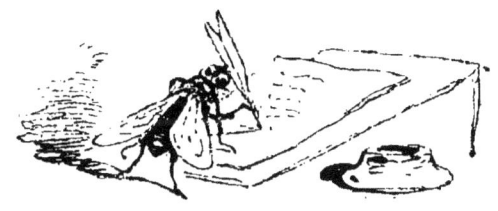

PARIS

E. PLON et Cie, IMPRIMEURS-ÉDITEURS

10, RUE GARANCIÈRE

1879

Tous droits réservés

L'OEUF N° 4

I

La princesse Adalbert de Sauer-Apfel à la baronne von Nobelfamilien.

Chère tante,

Vous voulez une longue lettre qui vous dira ce que je pense de Sauer-Apfel, ou plutôt de ses habitants. Je suis arrivée bien fatiguée, n'ayant pu, comme le prince Adalbert, *dormir* tout le long de la route; l'approche du château est fort majestueuse; on nous a beaucoup acclamés. Hélas! ce ne sont plus nos sujets! En montant l'avenue, j'ai récité quelques lignes de notre cher *Gœthe* à Adalbert; mais jusqu'ici il n'a pas de *poésie* dans l'âme.....

Leurs Altesses Sérénissimes m'attendaient à l'entrée, qui avait été décorée de charmantes guirlandes de feuillage et de fleurs. Derrière ma belle-mère se tenait la respectable chanoinesse de Jungferstieg, qui est sa dame d'honneur depuis trente ans, et à côté du prince le fidèle chambellan comte de Rothennase. Le prince, qui est très-gros et fort rouge avec un air imposant, m'a embrassée sur les deux joues, et la princesse m'a serrée dans ses bras; elle est habillée *à la française,* avec beaucoup de goût. L'excellent chambellan et la chanoinesse ont voulu me baiser la main et me rendre les mêmes honneurs que si Leurs Altesses Sérénissimes eussent encore régné dans leur capitale. J'ai été bien émue, et j'ai saisi l'occasion de citer à la chanoinesse de Jungferstieg quelques lignes de notre Schiller; elle me paraît avoir l'âme sensible et les a aussitôt répétées à ma respectable belle-mère, qui a semblé satisfaite de l'allusion.

Il y avait « grand couvert » en mon honneur ; les derniers événements ont condamné les princes de Sauer-Apfel à bien des sacrifices, mais cependant quatre magnifiques valets en livrées rouges nous servaient ; malheureusement il y en avait deux très-grands et deux très-petits ; Son Altesse Sérénissime m'a fait observer que c'est là où conduisait le progrès ! Et le chambellan m'a confié, la mort dans l'âme, que deux des valets servaient le jour dans le jardin !

Le prince a daigné boire plusieurs fois à ma santé ; la princesse m'a interrogée avec sollicitude sur mes goûts et m'a demandé le prix de plusieurs choses : malheureusement je l'ignorais ; elle a soupiré en regardant la chanoinesse ; il paraît que les princesses de Sauer-Apfel ont toujours été renommées pour une « noble économie ». Le prince ne parle que très-peu, par dignité sans doute ; le chambellan et la chanoinesse se sont entretenus assez longtemps d'un comte Wolgfang et d'une comtesse Marie ; je leur ai demandé si ces personnes étaient de leur famille ; j'ai appris qu'il s'agissait d'un grand-oncle mort il y a cent cinquante ans et d'une noble aïeule qui vivait il y a deux siècles. Ma belle-mère nous a raconté des faits pleins d'intérêt sur l'empereur Frédéric Barberousse, dont son aïeul était le confident intime; elle a voulu savoir si quelqu'un de notre famille était à la cour de ce temps-là; j'ai dit que je vous le demanderais, ma chère tante. Ma belle-mère a ajouté qu'il était vrai que notre principauté n'avait point l'importance de l'électorat de Sauer-Apfel! elle m'a adjuré de ne jamais oublier que j'étais l'épouse d'un Sauer-Apfel. Après dîner, la chanoinesse m'a montré les portraits de toutes les princesses de Sauer-Apfel; il y en a cinquante-deux, tous parfaitement authentiques. Nous avons passé la soirée en famille; le chambellan, qui est très-bon musicien, a joué plusieurs mélodies au violon. La lune éclairait le parc et argentait la surface du lac. En rentrant dans mon appartement, j'ai composé quelques vers que j'ai ajoutés à mon album; je les ai dédiés à ma chère tante, dont je suis l'affectionnée nièce.

Marie.

II

De la même à la même.

Ma chère tante,

Leurs Altesses Sérénissimes me chargent de vous prier de remercier le Grand-Duc de son souvenir; mon beau-père a été heureux de voir que le Grand-Duc n'avait point oublié son fidèle allié.

Adalbert a eu un fort mal de dents la semaine passée; mais comme il est toujours dehors, exposé à tous les temps, je n'ai pas été surprise.

Il n'y a rien de nouveau à Sauer-Apfel, si ce n'est que Doris se plaint de ce qu'on mange du *shinken* (jambon cru) à tous les repas. Je n'ai pas osé en parler à Adalbert sans consulter ma chère tante, à laquelle je confierai aussi qu'il n'y a plus de « grand couvert ». Le chambellan et la chanoinesse n'acceptent jamais que d'*un seul plat*, et il m'a paru que la princesse éprouvait une légère surprise à me voir toujours prendre des *deux* qui forment le « petit couvert ». Le chambellan de Rothennase parle sans cesse de grands repas que Son Altesse Sérénissime donnait autrefois... Ce temps me paraît passé. Je serais étonnée du peu de nourriture sur laquelle subsiste la chanoinesse de Jungferstieg, si Doris ne m'avait confié que la chanoinesse mange

du *saucisson* en cachette après les repas. En revanche, Son Altesse Sérénissime me paraît prendre plus de bière et de *snaps* (eau-de-vie) qu'il ne serait bon pour sa santé. Le chambellan, qui a remarqué que je m'en apercevais, m'a dit en secret que Son Altesse Sérénissime cherchait à étourdir ses regrets à la pensée de ses sujets privés de son gouvernement paternel. L'électorat contenait trois cent vingt-cinq familles, dont deux cent cinquante de la première noblesse; toutes, il paraît, sont plongées dans la douleur. Je dois ajouter qu'Adalbert partage un peu trop vivement les *regrets* de son illustre père. Le soir, ni lui ni le prince ne sont disposés à la conversation : la princesse, la chanoinesse de Jungferstieg et le comte de Rothennase ont l'habitude de faire un whist pour des pastilles de chocolat; jamais ma belle-mère ne permet qu'on joue pour de l'argent; elle autorise la *distraction*, elle défend la spéculation. On m'a proposé de jouer; mais je préfère la lecture d'un de mes chers poëtes! A dix heures, le chambellan allume le bougeoir de Son Altesse Sérénissime et la précède jusqu'à son appartement.

J'avoue que je m'imaginais trouver une existence un peu plus variée, et que je regrette souvent notre belle cour de X...

Adieu, ma chère tante.

Votre nièce affectionnée,
Marie.

III

De la même à la même.

Je n'ai pas encore transmis votre jolie poésie à la chanoinesse, ma chère tante; je vous dirai que depuis quelques jours je lui témoigne un peu de froideur; j'ai remarqué que ses révérences devenaient de plus en plus écourtées, et le soir ce n'est vraiment plus qu'un signe de tête. Vous comprenez, ma chère tante, que ce sont des choses qu'une princesse de Sauer-Apfel et nièce du grand-duc de X... ne peut tolérer. Ce n'est pas, du reste, mon seul sujet de mécontentement. Je voulais vous cacher ces tristes dissensions; mais comme mes remontrances à Adalbert sont restées sans effet, je viens m'en remettre à vos conseils et à votre sagesse. Voici ce dont il s'agit, et je suis persuadée, ma chère tante, que vous sentirez toute la gravité de la chose. Je vous ai déjà révélé que les derniers événements ont amené de grands changements dans la manière de vivre à Sauer-Apfel; le poulailler est sous la direction *personnelle* de la princesse, et les œufs sont servis à table numérotés, selon leur fraîcheur, 1, 2, 3, 4, etc. Croiriez-vous, ma chère tante, qu'on persiste à m'offrir l'œuf n° 4! Son Altesse Sérénissime prend le n° 1; ma belle-mère, le n° 2; *Adalbert,* le n° 3, et *moi,* on me laisse le n° 4. J'ai fait observer à mon mari que la nièce du grand-duc *régnant* de X... ne pouvait accepter l'œuf n° 4, et que, si je voulais bien par respect céder le n° 1 à Son Altesse Sérénissime, j'entendais avoir l'œuf n° 2. J'ai éprouvé un refus formel. Chaque jour on m'offre le n° 4, que je n'accepte jamais. La situation est devenue si tendue que je ne puis la dissimuler plus longtemps, ma chère tante. J'attends avec impatience une lettre de vous.

Votre affligée nièce,
MARIE.

IV

*La baronne von Nobelfamilien à la princesse
Adalbert de Sauer-Apfel.*

Mon cher trésor,

Aussitôt après avoir lu ta chère missive, je me suis rendue chez Son Altesse Royale, à laquelle j'ai fait demander une audience particulière. Notre oncle et cher souverain m'a tendrement accueillie, et à la lecture de ta lettre, il s'est levé en répétant que cela était intolérable, que jamais la petite-fille de son frère ne devait accepter une situation si peu conforme à sa naissance. Il a immédiatement écrit de sa propre main à S. A. S. la princesse de Sauer-Apfel. Tu as eu raison, mon cher trésor, de m'avertir de ce qui arrivait. Le Grand-Duc s'est montré fort mécontent d'Adalbert, tu peux le lui dire.

Ta tante,
Baronne von Nobelfamilien.

V

La princesse de Sauer-Apfel à la baronne von Nobelfamilien.

Chère madame la baronne,

Avant de répondre à la communication de S. A. R. le Grand-Duc, je veux d'abord m'adresser à vous, persuadée que votre affection pour la princesse Adalbert de Sauer-Apfel vous empêche de juger la question sous son véritable aspect. J'ai fait appel à toutes les traditions des illustres électeurs de Sauer-Apfel, j'ai consulté les lumières du chambellan de Rothennase; grâce à ses soins, nous avons appris qu'à la cour du défunt empereur Frédéric Barberousse, *deux* douairières de Sauer-Apfel vivaient en même temps qu'une jeune princesse Wilfrid de Sauer-Apfel à laquelle l'œuf n° 5 était offert sans qu'elle fît la moindre objection. J'oserai rappeler à la haute née madame la baronne que la parenté de la princesse Adalbert avec S. A. R. le Grand-Duc est *morganatique,* et que la maison de Sauer-Apfel ne compte point un seul de ces mariages. J'espère que ces raisons seront communiquées à Son Altesse Royale.

Princesse DE SAUER-APFEL.

VI

La baronne von Nobelfamilien à Son Altesse Sérénissime la princesse de Sauer-Apfel.

J'ai le regret d'apprendre à Votre Altesse Sérénissime que S. A. R. le Grand-Duc a été offensé de la lettre que vous avez eu la bonté de m'écrire. S. A. R. le Grand-Duc, après avoir consulté ses ministres, me charge d'informer Votre Altesse Sérénissime qu'il considérerait comme une offense personnelle la continuation du refus d'offrir à la princesse, sa nièce, l'œuf n° 2 ; en ce cas, Son Altesse Royale lui conseillerait de rentrer à la cour de X...

Baronne VON NOBELFAMILIEN.

VII

La princesse von Sauer-Apfel à la baronne von Nobelfamilien.

Chère madame la baronne,

Il est sans exemple que l'épouse de l'héritier de l'électeur de Sauer-Apfel ait quitté la cour de ses parents. Son Altesse Sérénissime et moi sommes vivement attachés à S. A. R. le Grand-Duc, et le départ de sa nièce, notre chère fille, nous causerait la plus vive douleur. Imposant silence aux traditions du passé, je viens proposer que dorénavant l'œuf n° 3 soit offert à la princesse Adalbert. J'espère que Son Altesse Royale comprendra la grandeur du sacrifice que je m'impose et que je fais uniquement par respect pour son illustre famille.

Princesse de Sauer-Apfel.

VIII

*Le chambellan Schwerkopf à la princesse
de Sauer-Apfel.*

Je suis chargé par mon auguste maître d'annoncer à Votre Altesse Sérénissime que Son Altesse Royale ne peut admettre la proposition de l'œuf n° 3 pour son illustre nièce la princesse Adalbert de Sauer-Apfel, et que dans le cas où l'œuf n° 2 lui serait refusé, les sentiments de Son Altesse Royale envers la maison de Sauer-Apfel pourraient éprouver des modifications.

Je suis de Votre Altesse Sérénissime le très-humble serviteur,

Chambellan DE SCHWERKOPF.

IX

*La princesse Adalbert de Sauer-Apfel
à sa tante.*

CHÈRE TANTE,

Vous ne pouvez vous imaginer l'agitation qui règne ici. Plusieurs fois par jour la princesse a des consultations avec le chambellan et la chanoinesse; Adalbert continue à ne rien dire et refuse d'entrer en lutte avec ses parents. On m'a encore offert hier matin l'œuf n° 4, mais avant le dîner est arrivée la lettre de l'excellent Schwerkopf; la princesse a eu des attaques de nerfs, la chanoinesse s'est évanouie, et Son Altesse Sérénissime a bu trois verres de *snaps :* cependant le prince a déclaré que, pour en finir, il me céderait l'œuf n° 1. Ma belle-mère s'est écriée aussitôt qu'elle mourrait si elle devait voir l'électeur de Sauer-Apfel abaissé dans sa propre famille; elle s'est servie de termes très-impertinents en parlant de Son Altesse Royale, prétendant qu'il avait été bien heureux autrefois de l'alliance des Sauer-Apfel. J'attends les ordres de notre cher oncle pour savoir ce que je dois faire; mais il me semble que notre famille a été outragée.

Votre affectionnée nièce,
Marie.

X

La baronne von Nobelfamilien à la princesse Adalbert de Sauer-Apfel.

Cher petit trésor,

Ce soir le comte de Sussenlippen quitte la cour de X... pour se rendre à Sauer-Apfel; ce n'est pas la

première mission délicate dont il a l'honneur d'être chargé par Son Altesse Royale. J'ai été appelée en conférence secrète chez le Grand-Duc, et j'ai communiqué à Sussenlippen toutes tes lettres; il s'est rendu parfaitement compte de la situation; il la trouve *très-délicate;* mais sa vieille expérience diplomatique lui indiquera la voie à suivre; sa politique sera de *conciliation*. Je n'ai pas besoin de te dire qu'il ne s'agit pas de concessions; la nièce de S. A. R. le grand-duc régnant de X... ne peut pas en faire. Sussenlippen a presque promis un résultat favorable; mais il n'a pas voulu dire son secret même à Son Altesse Royale. Je n'ai pas besoin de te faire part de mes inquiétudes, mon cher petit trésor.

Ta tante,
Baronne von Nobelfamilien.

XI

Le comte de Sussenlippen à Son Altesse Royale le grand-duc de X...

J'ai l'honneur de rendre compte à Votre Altesse Royale de ma mission à Sauer-Apfel. J'ai trouvé Leurs Altesses Sérénissimes dans un état d'agitation extrême. Je les ai assurées que je venais chargé d'une mission de conciliation. Je ne puis cacher à Votre Altesse Royale que Leurs Altesses Sérénissimes, et en particulier la princesse, me paraissent remplies de prétentions impossibles à soutenir vis-à-vis de Votre Altesse Royale.

Après avoir salué la princesse Adalbert, qui m'a exprimé d'une façon touchante sa satisfaction de voir un envoyé de son auguste parent, j'ai fait demander une entrevue au chambellan de Rothennase ; je lui ai alors communiqué le plan que j'ai mûri pendant deux nuits. Je l'ai donc prié de répéter à Leurs Altesses Sérénissimes que pour calmer toutes les susceptibilités, tant celles de la noble famille de X... que celles de la maison Sauer-Apfel, je proposerais que dorénavant toute la famille mange des œufs n° 4 ; les n°s 1, 2, 3, pourraient être offerts, soit au chambellan de service, soit à la chanoinesse de Jungferstieg. Le comte de Rothennase a paru charmé de ma proposition ; elle me semblait en effet de nature à tout concilier ; mais j'ai le regret d'ajouter qu'en l'entendant, Leurs Altesses Sérénissimes, et spécialement la princesse, ont déclaré que jamais l'électeur de Sauer-Apfel ni son épouse ne s'abaisseraient à l'œuf n° 4. En présence de cette fin de non-recevoir, j'ai conseillé à la princesse Adalbert de garder ses appartements, et je viens d'apprendre, par une longue conversation qu'elle m'a fait l'honneur d'avoir avec elle, que la princesse a été loin de trouver à Sauer-Apfel les égards dus à la nièce de Votre Altesse Royale. Je me suis senti révolté de l'ingratitude de l'ancien électeur que Votre Altesse Royale vient encore de combler de bontés en nommant le prince Adalbert

colonel du régiment des cuirassiers oranges. J'ai été frappé également de ne point trouver, excepté dans les appartements particuliers de la princesse Adalbert, de portrait de Votre Altesse Royale.

Je crains que tous les moyens de conciliation ne

soient épuisés, et qu'il ne reste qu'à rappeler l'auguste princesse à la cour de Votre Altesse Royale, dont je suis le plus humble et le plus dévoué sujet.

SUSSENLIPPEN.

Extrait de la Gazette officielle de X...

Hier une foule énorme et sympathique se pressait sur le chemin que devait parcourir la voiture de S. A. R. la princesse Adalbert de Sauer-Apfel, nièce de S. A. R. le Grand-Duc régnant. La princesse, accompagnée du distingué diplomate, le comte de Sussenlippen, a quitté le château de Sauer-Apfel à la suite d'événements dont la gravité nous est connue, mais que de hautes considérations politiques nous forcent à taire. Le prince Adalbert de Sauer-Apfel cesse d'être colonel du régiment des cuirassiers orange. La rupture entre les deux cours est complète.

LES PETITS POIS

A peine de retour après cinq ans de Japon, le baron de Tomy fut nommé conseiller de légation à X... — Au ministère, on lui donna avec obligeance tous les renseignements sur son nouveau chef; justement le petit T... arrivait de X..., en congé, et put éclairer complétement son collègue sur la position qui l'y attendait. — M. de Tomy apprit que sa nomination avait fait verser d'abondantes larmes aux plus beaux yeux du monde, et que sa future cheffesse ne lui voulait aucun bien de venir prendre une place si parfaitement occupée; quant au ministre, en perdant Z..., il perdait son bras droit, et cela au moment critique où se négociait le mariage de la princesse héritière, et que celui des deux prétendants qu'il importait fort à la France de faire agréer semblait en légère défaveur; le rappel de Z..., admirablement au courant de toutes les ficelles de la négociation, paraissait au représentant de la France une de ces balourdises dont un *ministère,* être impersonnel, est seul capable, et le remplacement de Z... par un monsieur qui arrivait du Japon, et pour qui les méandres de la diplomatie européenne seraient sans doute un mystère, mettait le comble à la maladresse. M. de Tomy constata donc, sans l'ombre d'un doute, qu'il ne serait rien moins que bienvenu: cependant il espéra secrètement que la fortune lui serait moins contraire qu'on ne voulait le lui faire croire. Il écouta avec recueillement et respect les instructions verbales de son auguste supérieur, se chargea de plusieurs missives pour ses collègues, et reçut le dépôt sacré des dépêches à remettre à son chef, la veille de son départ, et le *jour* en avait été assez difficile à fixer, car il avait rapporté de ses différentes missions plusieurs tendres superstitions à respecter et auxquelles il avait juré d'avoir égard; mais le mercredi et le dimanche lui appartenaient cependant encore sans réserve; aussi un samedi soir flânait-il quasi tristement vers les sept heures, quand, entrant au café Anglais pour son dernier dîner parisien, il fut surpris de se trouver nez à nez avec Z.., qu'il remplaçait.

— Tiens, vous voilà ici?

— Et vous pas encore parti? Comment cela va-t-il, retour du Japon?

— Mais pas mal. Vous allez me dire un peu, puisque vous voilà, comment on doit se comporter à X...

Ils se mirent à table ensemble. Z..., qui ne pensait qu'au fameux mariage, en fit un cours approfondi et détaillé, sans laisser percer ses regrets qu'on lui eût enlevé l'honneur de pouvoir dire que le succès était son œuvre; il fut bon prince et dit à son collègue qui il fallait flatter, qui craindre, qui tromper, qui flagorner, qui contrecarrer; quant à la jeune princesse, on n'en parlait pas.

Tomy, que le Japon avait barbarisé, demanda si elle avait des préférences; mais Z... lui montra bien clairement que ce qu'il y avait d'important là dedans c'étaient les préférences de la France, c'est-à-dire celles, des deux ou trois gros bonnets qui veillaient à sa destinée.

Tomy crut avoir admirablement compris la question du mariage, et il passa à des questions plus particulières.

— Et Son Excellence?

Z... mangeait des petits pois et en avait la bouche pleine.

— Le meilleur des hommes.

— Et la comtesse? continua Tomy en regardant dans son verre.

— Charmante femme, très-instruite.

Puis Z... ajouta avec une autre intonation :

— Mon Dieu! qu'elle aimerait donc ces petits pois !

— Vous dites, mon cher?

— Je dis que la comtesse adorerait ces petits pois; ils sont tous conservés, là-bas, et comme elle est un peu gourmande, elle les aime mieux frais... Pardon, mon cher, j'en prends encore... Mais quand on en mange depuis trois ans, qui sont durs, secs et racornis, cela vous change.

A partir de ce moment, M. de Tomy fut préoc-

cupé et n'écouta que d'une oreille distraite Z...
qui le bourrait d'adresses et d'instructions en tout
point contraires à celles dont il était officiellement
muni; enfin, Z... lui souhaita bon voyage sans
rancune.

— Tous mes hommages à la comtesse.

— Soyez sûr que je n'y manquerai point.

Une fois seul, M. le baron de Tomy oublia
promptement le mariage princier, les adresses de
fournisseurs, et se posa gravement cette unique
question :

— Où trouver ce soir des petits pois?

Il médita quelques minutes, rentra vivement chez
lui et ordonna à son domestique d'avoir à lui faire
confectionner immédiatement un sac de l'apparence
la plus diplomatique.

M. Jean comprit parfaitement ce qu'il fallait à
M. le baron, mais s'étonna à part lui de ce que le
ministère ne fournît pas le sac avec les dépêches;
cependant, comme il était homme de ressource, à
onze heures, M. de Tomy était en possession de
son sac.

Pour le coup, Jean fut au comble de l'ahurisse-
ment quand son maître lui demanda gravement :

— Combien de kilos entreront là dedans?

— Monsieur le baron !...

— Bien, bien... Cette corde est-elle forte, au moins? Je n'ai pas envie que ce sac s'éventre en route.

— Ah! monsieur le baron, c'est un sac de pommes de terre; à cette heure-ci je n'ai pas pu me procurer autre chose; je l'ai fait mettre à la grandeur voulue; j'espère que cela ne contrarie pas monsieur le baron... Quant à la solidité....

Jean se mit à la démontrer à grands coups de poing dans la toile.

— C'est parfait! parfait!

Et M. de Tomy regarda le sac avec une complaisance si visible qu'elle jeta le trouble final dans l'esprit de son valet de chambre.

Enfin Tomy ordonna qu'on le réveillât à quatre heures, et qu'une voiture fût prête à cinq heures *précises*.

— Monsieur le baron sait pourtant que le train ne part qu'à sept heures et demie.

— Jean, je vous dispense de me donner des conseils.

A cinq heures, M. de Tomy montait en voiture, son sac roulé dans une main, et de l'autre portant son nécessaire de voyage.

— A la Halle!

Mon Dieu! il avait été au Japon, mais il n'avait jamais été à la Halle; il n'était certes pas timide; mais cependant, avec son grand sac vide ballant, son costume de voyage, il sentait qu'il n'avait pas l'air d'un cuisinier, mais qu'il avait l'air drôle.

Avec pas mal de peine, il découvrit la marchande qu'il lui fallait, et fut au comble de la joie quand, à sa question hésitante si elle avait des petits pois en quantité suffisante pour remplir son sac, et il le montrait avec réserve, elle répondit de sa voix la plus sonnante:

— Celui-là et dix autres pareils, mon petit père. Et quels pois! Regardez-moi ça! (Et de ses dents, elle en écossait, puis les faisait sauter sur l'ongle.) Est-ce tendre? est-ce fin? et sucré? Goûtez voir un peu.

Il goûta; elle le regardait avec une certaine anxiété:

— Hein! c'est-y de première qualité? Donnez que je vous arrange ça. — Et elle entassa les pois dans le sac.

— Mettez-en le plus possible.

Il fut presque effrayé d'être si bien obéi; le sac, devenu ventru, était énorme; il tâta le poids et fit la grimace.

— Ah! vos douze kilos y sont, vous n'êtes pas volé!

Il en demeura persuadé et ajouta:

— Est-ce qu'ils se conserveront trois jours?

— Et vous m'en direz des nouvelles, encore.

Il porta gravement son sac à la voiture, ouvrit son nécessaire, alluma une bougie et se mit en devoir d'apposer dans tous les sens et aux deux bouts errants de la ficelle les plus gigantesques cachets; tout de suite cela prit bonne mine, et l'apparence de sac de pommes de terre disparut entièrement.

Il fut charmé et se dit :

— Je pourrai parfaitement porter cela sans être ridicule.

Jean ouvrit de grands yeux quand il vit les dimensions du sac, et que M. le baron lui défendit de le toucher, disant qu'il s'en chargerait seul. Néanmoins, il eut le temps de se rendre compte de la lourdeur, et resta convaincu que ce n'étaient pas là des dépêches.

Pendant trois jours et deux nuits, en voiture, en chemin de fer, en bateau, ce sac ne quitta pas l'œil ou la main de M. de Tomy; les grands cachets le firent regarder avec respect par le vulgaire, et Jean alla jusqu'à imaginer qu'il pouvait contenir de l'or en lingots.

Jamais M. de Tomy n'avait vécu sous le poids d'une pareille responsabilité; ce qu'il dépensa de soins, de précautions, presque de tendresse, pour défendre ce précieux sac de l'humidité, du chaud, des secousses, ne s'imagine point; il ne lut, ne mangea, ne dormit qu'autant que son sac était à l'abri de tout danger. Jean n'en revenait pas et pensa que M. le baron était chargé d'une mission qui allait le faire nommer ambassadeur.

Ils débarquèrent à X..., un assez triste matin, à cinq heures, par un jour indécis. Mais tout parut radieux au jeune diplomate; il était arrivé, et son sac était intact.

Comme il portait des dépêches et des lettres particulières, il se présenta à dix heures chez son chef; son sac l'accompagnait, et il le déposa aussi furtivement que cela était possible sous la première chaise à côté de la porte; mais le coup d'œil d'aigle du ministre avait vu. — Le comte de T... accueillit froidement, quoique courtoisement, son nouveau subordonné, devant lequel il posa de son attitude la plus digne, assis dans son fauteuil de travail, le buste renversé, et la main gauche éparpillant les papiers sur la grande table, tandis que la droite et le regard écoutaient. Le pauvre Tomy pensait qu'il n'avait jamais rencontré un pareil glaçon — tou-

jours et toujours un : *Parfaitement, parfaitement.*
— Enfin, la conversation officielle close, le comte de T... dit assez brusquement :

— Ah çà! qu'est-ce que c'est que ce gros sac que vous avez posé dans le coin?

Le malheureux, à qui ce sac pesait de ses trois journées et de ses deux nuits, répondit d'un air dégagé :

— Mon Dieu, monsieur le ministre, c'est tout simplement un sac de *petits pois*... mais oui, de petits pois. Voici comment cela est arrivé. La veille de mon départ, je rencontre Z... au café Anglais; le hasard fait qu'il me dit que vous n'avez ici que des légum conservés, et que madame la comtesse aime les petits pois frais; alors j'ai eu l'idée de lui en apporter un sac... et les voilà.

M. de Tomy fut étonné lui-même de l'effet de sa harangue; le ministre se leva, fit le tour de sa grande table, et, paternellement, lui posant les deux mains sur les épaules :

— Mon cher enfant, ceci est tout simplement un coup de maître. Mais sans permettre à Tomy de répondre, il se rassit et écrivit deux billets dont il parut peser chaque mot.

— Veuillez être assez aimable pour sonner !

Tomy sonna docilement, se demanda quel rapport pouvait exister entre ses petits pois et la correspondance du ministre.

— Qu'on porte à l'instant ces lettres à leur adresse, et qu'on fasse demander à madame la comtesse si elle peut me recevoir avec M. le baron de Tomy.

Puis se tournant vers lui de l'abord le plus amical :

— Vous dînez avec nous ce soir, mon cher ami; je viens d'écrire au prince de V... et au conseiller de B...; nous étions légèrement en froid depuis quelques jours, le mariage traînait, je ne savais par où rompre la glace, vos petits pois sont un admirable prétexte... le prince est gourmand en diable... la comtesse va être ravie, le mariage est fait... Parlez-moi de Paris, du Japon, de tout ce que vous voudrez; je vois que nous nous entendrons parfaitement.

L'accueil de la comtesse fut encore plus réservé et plus digne que ne l'avait été celui du ministre; mais en un instant le sac se trouva placé sur la table, et, l'explication faite, Tomy vit s'éclairer et sourire le charmant visage qui le regardait assez sévèrement une seconde auparavant.

— Ah! mais c'est une idée délicieuse : donnez-moi donc des ciseaux... Monsieur de Tomy, prenez garde à *mes* pois; sont-ils assez frais, assez verts !

Et elle les écrasait entre ses dents, tout comme la marchande de la halle.

— Comment ! vous avez eu le courage de vous charger de ce sac depuis Paris ! mais c'est admirable ! Mon cher ami, vous avez là un homme précieux ; je ne savais pas qu'au Japon l'on apprît de si jolies manières... Comment ! vous savez aussi faire la cuisine ? Je vois que vous avez tous les talents.

Enfin on permit à Tomy d'aller se reposer, et on lui recommanda de dormir ferme afin d'avoir beaucoup d'esprit à six heures.

Lui parti, la comtesse pensa : C'est donc ce pauvre garçon que je détestais sans le connaître ; comme il faut se méfier des jugements téméraires ! Certes, le départ de Z... change ma vie, et, dans ce pays, elle n'est pas toujours gaie. Mais, enfin, il est parti, je ne peux plus le faire revenir ; ce petit baron a sans nul doute infiniment d'esprit ; cette idée des pois est lumineuse ; je suis sûre qu'il aura une carrière brillante ; je crois qu'on pourra en tirer parti. Allons, j'ai eu tort de tant pleurer ; cela ne sert qu'à rendre fort laide.

Le ministre eut, sur la façon d'accommoder les pois, une longue conférence avec sa femme et le cuisinier, et il fut décidé qu'on en servirait à l'anglaise et à la française ; le *maître queux* reçut les plus pressantes adjurations de donner à ces bienheureux pois ses soins les plus particuliers.

A six heures moins un quart, Tomy était dans le salon de la ministresse; elle le reçut comme un vieil ami.

— Vous allez goûter *nos* pois, dit-elle.

Puis, en quelques mots, elle lui donna tous les éclaircissements sur les nouveaux visages qu'il allait rencontrer. M. de Tomy fut présenté à chacun, par son chef, avec une sollicitude toute particulière : il était de la maison.

Le dîner fut exquis; le prince de V..., de l'humeur la plus joviale; le conseiller de B..., galant et assidu auprès de la comtesse; Tomy, plaisanté et l'objet de l'attention générale.

— Comment! c'était dans un sac à dépêches!

— Mais oui, avec d'immenses cachets; trois jours et deux nuits, et un poids de douze kilos, mon cher prince.

Le prince de V... le regardait avec aménité. Le conseiller de B... lui adressa plusieurs fois la parole.

En sortant de table, le prince dit à son hôte :

— Mon cher ministre, j'avoue que M. de Tomy me paraît un jeune homme remarquable.

Et le conseiller ajouta :

— Vous avez là un garçon qui fera parler de lui.

Le ministre répondit avec sérieux :

— Je l'avais demandé, connaissant son mérite.

Et ces messieurs de la légation constatèrent, avec une pointe de jalousie, le succès du nouveau collègue qui d'emblée avait conquis la confiance de son chef et la bienveillance de la comtesse.

Un mois après on célébrait à X... le mariage de la princesse avec le prétendant patronné par la France.

A quoi tient la destinée des hommes et des princesses !

PAUVRE THÉODORE!

Le vicomte de Raffinay s'ennuyait prodigieusement. Il avait beau, grâce à un intérim prolongé, jouir, lui, simple deuxième secrétaire, de toutes les grandeurs de la position de chargé d'affaires, il s'ennuyait. Déjà plusieurs fois il avait pesé sérieusement s'il ne conviendrait pas de mettre la clef sur la porte et de laisser *la boutique* se tirer d'affaire toute seule. La simple pensée de laisser la « Légation » seule faisait frémir d'horreur l'excellent chancelier, qui craignait sans doute que la « Légation » ne fût prise de mélancolie. Raffinay avait déjà écrit trois magnifiques dépêches au sujet de la peste bovine qui s'était déclarée à X..., et son gouvernement se trouvait parfaitement informé sur ce sujet; il avait aussi médité une quatrième dépêche sur les relations du grand-duché de X... avec la France, mais il avait conclu de s'en tenir à l'intention; heureusement que la chancellerie était ornée de fauteuils fort confortables; on y dormait à ravir, on y jouissait du calme le plus favorable pour fumer poétiquement un nombre illimité de cigarettes. La cire rouge, d'ailleurs, est une source de loisirs très-innocents: aussi Raffinay s'exerçait à l'étude des grands cachets, et était arrivé à une perfection remarquable; il espérait devoir à cette spécialité un avancement rapide.

Un matin qu'il bâillait avec plus d'entrain que d'habitude, — il venait de passer une heure à la fenêtre dans l'espoir d'apercevoir quelque collègue errant qui serait venu partager sa solitude, — il fut tiré de sa torpeur par la perception très-distincte d'une voix féminine discutant avec le cerbère de la légation, et d'un frou-frou de jupes des plus harmonieux. Le chargé d'affaires sonna violemment, mais au même instant le frou-frou et la voix firent une invasion violente dans le sanctuaire de la diplomatie française à X...

— Monsieur, oh! monsieur!

Et l'aimable personne qui apparaissait d'une façon si inattendue tomba sur une chaise et se mit à sangloter.

Raffinay la regardait avec une sorte de terreur respectueuse : les larmes d'une femme avaient le don de le rendre parfaitement stupide; cependant il répondit au *Monsieur* si expressif par un *Madame* bien senti; puis, observant mieux l'extrême jeunesse de sa visiteuse : Mademoiselle.

— Non, non, madame, oh! monsieur!... seulement depuis quatre jours...

Et un nouveau déluge de larmes.

Quand on est nourri des mystérieuses traditions de la diplomatie, on sait que, pour arriver à se bien comprendre, rien n'égale une attitude conciliante; et comme Raffinay ne comprenait rien à la présence inopinée, mais agréable, de la dame inconnue, il répéta après elle et avec la même conviction :

— Seulement depuis quatre jours?...

Mais au lieu de la calmer comme il l'espérait par cette concession, elle parut saisie d'un nouveau paroxysme, et s'emparant des mains de Raffinay, sur lesquelles elle courbait sa jolie tête, elle se mit à répéter presque avec des cris :

— Vous me le rendrez, monsieur, n'est-ce pas, vous me le rendrez?... Ah! Théodore!...

Puis, comme suffoquée par le même souvenir :

— Depuis quatre jours, quatre jours, ah! mon Dieu!...

Raffinay sentit la nécessité d'éclaircir la situation, qui devenait ridicule; il fit rasseoir la belle éplorée, car elle était positivement très-jolie et mise comme un ange qu'aurait habillé le bon faiseur; puis, prenant son attitude la plus officielle, il se mit en devoir de l'interroger :

— Pardon, madame, mais je n'ai pas parfaitement compris la situation. A quoi dois-je l'honneur de votre présence ici?

— Mais on l'a arrêté, monsieur, oui, les monstres l'ont arrêté! Et elle se leva comme prête à saisir à la gorge les monstres évoqués; le visage impassible du jeune secrétaire la fit retomber anéantie à sa place.

— Maintenant, madame, je continue et vous prie de me dire qui a été arrêté?

— Mais lui, mais Théodore, mon mari ; ah ! mon cher mari !

— Ainsi, madame, votre mari a été arrêté ; à cela, il y a certainement une raison.

Raffinay arriva peu à peu à la faire s'expliquer ; elle le fit avec une éloquence, une fougue, une abondance de paroles qui lui plurent singulièrement, car elles le transportaient bien loin des us et coutumes de X...

— Oui, monsieur, ils l'ont arrêté, un ange... notre voyage de noces. Ah ! si ma pauvre maman savait... lui, lui... des faux billets ; ah ! ce changeur à Strasbourg ! ce voleur ! ce tigre ! Lui, monsieur, c'est un homme qui lui a donné les billets. Est-ce que nous connaissons les billets de ce vilain pays ? Et il en avait pris pour quatre mille francs. En pleine gare, oui, monsieur, en pleine gare, on a emmené mon mari, mon cher Théodore. Je suis sûre qu'ils l'ont jeté dans un cachot. Est-ce que vous croyez qu'ils vont le fusiller? Ah ! ah ! ah ! ah ! je me tuerai. C'est Théodore qui m'a dit de venir ici, car il a montré un sang-froid... Ah ! mon Théodore... et seulement depuis quatre jours...

rendez-le-moi, mon mari... oh! je vous aimerai tant!...

Cette péroraison parut douce au jeune diplomate. Il garda pendant quelques secondes un silence olympien; elle le regardait la lèvre émue, l'œil brillant, oppressée par sa vive émotion, tout son être suspendu à la réponse qu'elle attendait.

— Vraiment charmante, pensa-t-il; comme elle vous a une drôle de petite mine! Il prit une feuille de son grand papier officiel, caressa sa moustache de la main gauche, de la droite sa plume, puis, de sa voix la plus mesurée : Le nom de M. votre mari, madame?

— Théodore Jacob...

Le lorgnon du vicomte de Raffinay tomba avec un petit bruit sec sur la table, et il regarda madame Jacob avec un sourire aimable.

— D'après ce que j'ai cru comprendre, marié depuis quatre jours?

Elle fit un signe affirmatif.

— Cette catastrophe me semble évidemment désolante.

— Ah! monsieur, je le connais, il va mourir dans cette prison, — et bien naïvement, — séparé de moi.

— Je le conçois parfaitement.

Comme la jeune femme était encore très-petite fille, elle se crut forcée d'ajouter, tout en baissant les yeux :

— C'est qu'il m'aime beaucoup!

Une seconde fois, le monocle, qui avait repris sa place, retomba sur la table, et le vicomte de Raffinay prononça, avec un sourire qui sembla impitoyable à madame Jacob :

— Le cas est très-grave!

— Très-grave, ah! ah! ah!... Elle hésita un instant entre une attaque de nerfs et un évanouissement, et finit par sangloter.

Raffinay ne broncha pas.

— Oui, madame, car, enfin, M. votre mari avait en sa possession et essayait de mettre en circulation des billets faux.

— Mais on les lui avait donnés. Nous... nous sommes riches, monsieur.

Elle comprenait que, dans ce cas-là, c'était une bien meilleure défense que de dire : Nous sommes honnêtes.

— Mais, madame, quant à moi, je ne doute point de l'innocence de M. Théodore Jacob, mais il faudra la prouver, il faudra télégraphier en France, prendre des renseignements ; cela peut durer trois... quatre jours... une semaine...

— Une semaine, monsieur ! une semaine sans

voir Théodore ! jamais ! Je veux partager sa prison, je le veux !

— Ceci est impossible, madame; vous resterez sous la protection de votre légation. — Et Raffinay releva noblement la tête, en pensant qu'il était lui-même cette légation. — M. votre mari sera rendu à la liberté.

Madame Théodore Jacob ne paraissait point parfaitement satisfaite et rassurée par la perspective d'être protégée par la légation; cependant elle avait séché ses larmes, ce qui la rendait infiniment plus jolie.

Le vicomte de Raffinay constata mentalement qu'il ne s'ennuyait plus.

— Madame, il y aura des démarches à faire.

— Oui, monsieur.

— Votre présence sera indispensable.

— J'irai au bout du monde pour mon cher Théodore!...

— Nous allons d'abord nous rendre chez le directeur de la police.

Pour la première fois, madame Théodore Jacob envisagea franchement le vicomte de Raffinay : il lui fit un peu peur; elle se demanda si Théodore trouverait bon qu'elle sortît seule avec ce jeune homme. Puis, la pensée de son mari étendu sur la paille humide d'un cachot lui rendit tout son courage, et s'armant de sa dignité la plus sérieuse :

— Je suis prête, monsieur...

— Vous me permettrez, madame, d'envoyer chercher une voiture, car il s'agit de ne pas perdre un instant.

— J'en ai une en bas...

— Alors, madame, je suis à vos ordres.

Dans la voiture, la jeune femme eut de nouveau recours aux sanglots ; Raffinay sentit qu'il y allait de son honneur d'apaiser un peu son chagrin.

— Mon Dieu, madame, permettez-moi de vous dire que vous vous affligez trop ; cette aventure est désagréable, pénible, ennuyeuse, et voilà tout ; un jour ou deux de patience, et M. votre mari sera rendu à la liberté ; je me mets jusque-là tout à votre disposition, et si je puis vous être bon à quelque chose, j'en serai charmé, croyez-le bien.

— Ah ! monsieur, je vous remercie ; mais songez qu'il y a seulement quatre jours que nous sommes mariés... Ah ! si l'on m'avait prédit une chose pareille !

— Croyez-en ma vieille expérience, madame : quand vous aurez dix ans de mariage, une séparation de deux ou trois jours vous semblera moins effrayante.

Madame Théodore Jacob leva une seconde fois vers le vicomte de Raffinay son joli visage attristé : cela lui semblait drôle, ce jeune homme qui parlait de vieille expérience ; elle ne savait point que MM. les diplomates se piquent d'en être pétris, après deux ans de chancellerie ; elle demanda tout bonnement :

— Quel âge avez-vous, monsieur ?

— Madame, j'avoue vingt-neuf ans.

— Tiens ! c'est l'âge de Théodore ; seulement, il est blond.

Cela fit plaisir au diplomate, qui était brun.

— Madame, vous voici chez M. le directeur de la police...

— Ah ! j'ai peur !

— Pensez à M. votre mari, madame ; n'ayez aucune crainte, je suis là...

— Qu'est-ce qu'on va me demander ?...

— Soyez sûre, madame, qu'on vous ménagera infiniment...

Je ne vous quitterai pas, poursuivit-il. Veuillez vous appuyer sur mon bras...

Elle était tremblante comme la feuille, pâlissait

et rougissait sous son voile. L'abord imposant du directeur de la police la terrifia; ses grandes lunettes, sa barbe en broussaille, tout, jusqu'à la poussière qui couvrait son bureau chargé de paperasses, lui sembla indiquer une horrible sévérité. Elle admira l'aisance de son introducteur :

— Mon cher directeur, comment traitez-vous mes nationaux? on les empoigne dans les gares; nous venons vous demander justice.

— Monsieur le chargé d'affaires, je suis plus désolé que vous; c'est un cas très-difficile, très-difficile; je pense que madame va nous expliquer; mais les billets étaient faux, monsieur le chargé d'affaires, et alors, vous comprenez...

— Non, mon cher directeur, je ne comprends rien du tout; on n'a jamais vu arrêter les gens pendant leur voyage de noces.

— Je suis désolé, vraiment désolé, madame!...

— Il y a là une erreur étonnante...

La jeune femme se jeta à la rescousse.

— Monsieur le *commissaire de police*, c'est le changeur à Strasbourg, je vous le jure. Ah! rendez-moi mon mari.

— Je veux bien... je veux bien... madame.

Ici, Raffinay reprit son rôle.

— Permettez, madame, que j'explique la chose à M. le directeur de la police...

Et les deux hommes se reculèrent jusqu'à l'embrasure de la croisée. La pauvre petite femme épiait leurs regards, voyait leurs sourires et pensait :

— Ah! Théodore, qu'est-ce qu'on va lui donner pour son déjeuner? Et lui qui s'ennuie s'il reste une heure sans m'embrasser... Comme ce monsieur est bien! Je savais que les diplomates étaient tous distingués... (et un petit soupir, car Théodore est dans les châles en gros)... Jamais Aglaé ne voudra croire que je me suis promenée toute seule avec un jeune homme; il est vicomte! comme il a été bon pour moi, je le dirai à Théodore. — Qu'est-ce qu'ils disent? — Ah! mon Théodore chéri, je pense à toi, va! (Un nouveau soupir.)

Raffinay revint vers elle.

— Madame, je vais être admis à voir M. votre mari.

— Ah! monsieur, ah! où l'a-t-on mis?... Pas dans un cachot?

L'excellent directeur de la police se sentait déjà plein d'intérêt pour cette pauvre jeune femme, quoiqu'il fût persuadé, jusqu'à preuve du contraire, que M. Théodore Jacob était un filou.

— Un cachot! non, non, madame, n'ayez pas peur!... Je regrette beaucoup, croyez, madame, beaucoup, beaucoup, mais il est impossible d'éviter une détention préventive, n'est-ce pas, monsieur le chargé d'affaires?

— Impossible, en effet, d'éviter une détention préventive... et même de quelque durée... ajouta Raffinay, qui commençait à entrevoir une charmante aubaine.

Le directeur de la police les accompagna jusqu'à la seconde porte, toujours en répétant :

— Croyez, madame, que je regrette beaucoup, beaucoup.

Et comme, malgré sa barbe hérissée, M. le directeur de la police était bonhomme au fond, il ajouta :

— Que M. le secrétaire de la légation veuille bien repasser dans une heure; j'aurai examiné l'affaire d'ici là, et nous aviserons tous les deux aux moyens d'une solution prompte.

Dès qu'ils furent dehors, la première parole de Raffinay étonna étrangement madame Jacob.

— Si j'ose vous le demander, madame, vous ne devez pas avoir déjeuné?

Elle avoua, en pleurant, qu'elle avait très-faim.

— Eh bien! madame, les circonstances sont telles, si particulières et si impérieuses à la fois, que je vais vous proposer de venir déjeuner chez un garçon; à l'hôtel, on ferait attendre; dans un restaurant, cela serait d'un effet fâcheux, tandis que, chez moi, vous déjeunerez tranquillement, et un temps précieux ne sera pas perdu.

Elle restait devant lui, effarouchée et craintive, ne sachant pas s'il fallait dire oui ou non. — Il lui en épargna la peine.

— J'étais persuadé, madame, que votre bon sens vous ferait dire oui, tout simplement, et je vous en remercie.

Comme elle était encore très-sérieuse, il ajouta en souriant:

— Ce sera, sans doute, le premier ménage de garçon avec lequel vous ferez connaissance?

— Ah! non, j'ai été avec maman voir l'appartement de Théodore.

— Vraiment? eh bien, vous constaterez si nous avons les mêmes goûts. M. votre mari aime-t-il le bric-à-brac?

— Lui! Oh! c'est un homme tout à fait sérieux et établi; il n'a pas le temps de s'occuper de ces choses-là.

— C'est toujours regrettable pour une femme.

Nouveau silence rempli de méditation de part et d'autre; car, au bout de quelques secondes, elle dit d'une voix tremblante :

— Comme vous êtes bon pour moi, monsieur!

Raffinay souhaita du fond du cœur que M. Théodore Jacob passât plusieurs jours en prison.

Ce déjeuner fut une surprise et un plaisir tels que le pauvre Théodore, dans son cachot, fut légèrement oublié. Le jeune homme fut respectueux, galant, empressé, et cela fit trouver les bons baisers sonores de M. Jacob un peu vulgaires. Elle qui, toute sa vie, n'avait vécu que dans des intérieurs cossus, il est vrai, mais strictement simples et bourgeois; elle dont le nouvel appartement, qui lui avait paru délicieux avant de quitter Paris, était meublé sans l'ombre d'une prétention au bon goût, se trouva soudain parfaitement à l'aise, au milieu de ce fouillis riche et élégant; les gravures, les tableaux, les livres, les armes, les potiches, les soies diverses, les portières baroques lui parurent les accessoires les plus naturels. Son chez elle lui sembla hideux en souvenir, et elle se jura que son appartement ressemblerait à celui qu'elle voyait; on lui en fit connaître tous les trésors; il remua, bouleversa, lui montra tout ce qui pouvait l'amuser; elle y allait avec la bonne foi d'une pensionnaire, répétant naïvement : — Je n'ai jamais rien vu de si joli. Et elle commença à comprendre qu'il y avait des raffinements d'existence que Théodore ne connaîtrait jamais. — Pauvre Théodore! elle ne l'oubliait cependant pas, car, à chaque pause, elle hasardait :

— Mon mari, monsieur, mon mari, n'oubliez pas que dans une heure.....

— Soyez sans crainte, madame, il faut nécessairement attendre les réponses à nos dépêches; vous êtes moins inquiète, j'espère : vous voyez que rien n'est épargné pour arriver au résultat que vous désirez; mais, en attendant, il faut vous distraire...

La tristesse pourrait vous rendre malade, et ce n'est pas ce que désire M. votre mari. Certainement cette séparation est pénible, mais elle ne durera pas, tandis qu'il y en a d'autres qui peuvent être bien douloureuses..., et dont il n'est pas donné de voir la fin...

Cette délicate allusion ne fut pas perdue, mais madame Théodore Jacob n'avait encore lu que les romans du *Journal des demoiselles,* et elle ne sut comment la relever ; elle comprenait seulement très-clairement qu'il fallait être triste et malheureuse quand on a son mari en prison et au secret.

— Une promenade à la campagne vous ferait du bien, madame.

— Oui... mais...

— Ce sera absolument comme vous voudrez.

La jolie créature commençait à se trouver mal à l'aise, et pourtant elle n'eût voulu pour rien offenser ce monsieur si aimable.

— Vous aurez la bonté de demander à mon mari ce qu'il veut... ce qu'il désire : je dois lui obéir. — Et prenant courageusement son parti, elle se leva. — Je crois qu'il faut que vous alliez le trouver maintenant, monsieur... Elle avait ressaisi son courage, et sa gaieté commençait à l'embarrasser.

Pourtant, M. de Raffinay était bien charmant!...
Et comme il la regardait!... Avec quel feu contenu
par le respect!... Décidément, madame Théodore
ne savait plus trop où elle en était, et il lui fallut
un grand effort pour se diriger vers la porte :

— J'irai vous attendre à l'hôtel, monsieur.

Il vit qu'elle le voulait, et l'y ramena avec toute
sorte d'égards.

A quoi bon, d'ailleurs, brusquer un dénoûment?
N'avait-il pas tout le temps devant lui?...

Madame Théodore supporta assez bravement la
curiosité de son retour, les chuchotements sur son
passage; il lui serra la main en la quittant.

— Dans une heure, madame, je suis ici. Courage, courage, je vous en prie; il faut que je dise à M. votre mari que vous n'êtes pas triste.

— Oui, monsieur, oui.

Raffinay sauta en voiture, le cœur léger et l'esprit courant les rêves. Tout en allumant son cigare, il répétait : Pauvre Théodore! pauvre Théodore!...

Comme on pense, il se garda bien de retourner chez M. le directeur de la police.

Ayant bien ruminé son plan, une heure après, il revenait à l'hôtel; il aurait trouvé inutile de pénétrer jusqu'à M. Jacob; il y aurait eu des empêchements... des formalités... mais le soir, il espérait... Et, en attendant, il venait proposer une promenade en voiture...

Le garçon lui ouvrit la porte du n° 33 d'un air allègre... Une jeune femme était assise sur les genoux d'un monsieur qu'elle embrassait en pleurant; au bruit, elle sauta sur ses pieds.

— Ah! monsieur, merci, merci! Voilà dix minutes que Théodore est là. Ah! nous sommes si heureux! mon mari est si reconnaissant de votre amabilité!

M. de Raffinay fit bonne contenance.

— Je venais vous féliciter, madame... Monsieur, je suis ravi...

Pauvre Théodore, il ne saura jamais tout ce qu'il a dû, ce jour-là, à M. le directeur de la police de X... pour l'avoir mis en liberté sans autre forme de procès.

OU LOGERA SON EXCELLENCE

I

« S. Exc. le comte de Schongesicht, envoyé
« extraordinaire et ministre plénipotentiaire de
« S. M. le roi de Prusse près la république hel-
« vétique, est nommé dans les mêmes qualités au-
« près de S. A. R. le grand-duc de X... »

La nouvelle contenue dans ces lignes de la *Gazette officielle* fut on ne peut mieux accueillie à X..., par le Grand-Duc d'abord, par sa cour, et par l'imposant aréopage qui composait le *Corps diplomatique*.

Le nouveau ministre arrivait précédé d'une auréole d'amabilité. La comtesse Dorothée de L..., demoiselle d'honneur de S. A. R. la Grande-Duchesse, passait pour avoir éprouvé jadis à son égard la plus vive passion. Cette passion avait vu le jour à Berlin, où la comtesse Dorothée avait séjourné une semaine, époque qui faisait date dans son existence; aussi, oubliant les quinze années écoulées et surtout l'existence d'une comtesse de Schongesicht, la comtesse Dorothée se rappelait avec complaisance certaine valse dont le souvenir lui était toujours très-vif.

L'émotion de la comtesse Dorothée était largement partagée. La venue de S. Exc. le comte de Schongesicht était pour X... un véritable et sérieux événement. Cela intéressait en premier lieu S. A. R. le Grand-Duc lui-même, et on le savait charmé de la nouvelle nomination; puis toutes les femmes jeunes et jolies, ou qui avaient été jeunes et jolies, ou qui se croyaient jeunes et jolies, car Metlieeff, qui pendant longtemps avait eu la spécialité de ravager à X... les cœurs aristocratiques, commençait à se faire vieux et à ne s'intéresser plus qu'aux bons dîners. Enfin, le respectable commerce de X... subissait une attente fiévreuse, car il s'agissait de savoir si S. Exc. la comtesse de Schongesicht patronerait Muller, qui avait toutes les nouveautés de Paris et importait les modes les plus excentriques, ou si elle irait chez Altestein, la maison la plus ancienne et tout allemande; si elle se servirait pour les *délicatesses* chez Siegenfuss, comme le baron de Stolzenheit, ou chez Schivenfuss, comme la majorité du *Corps diplomatique*. S. Exc. le comte de Schongesicht ferait-il l'honneur de ses commandes au tailleur de Son Altesse Royale? Et enfin, où s'installeraient Leurs Excellences ? Dans le vieux quartier, ou près du *Jardin vert?* Depuis le boucher de la cour jusqu'à Son Altesse Royale, tout le monde émettait des avis sur ces graves questions. Les collègues aussi causaient, car il était d'une majeure importance pour MM. les secrétaires et attachés de savoir si la comtesse de Schongesicht était jeune et jolie, prude ou bonne enfant. D'un autre côté, depuis la très-respectable épouse du vieux ministre résident de Belgique, jusqu'à la folâtre madame de Riskoff, de la légation de Russie, pas une femme de tout le petit clan cosmopolite pour qui un nouveau visage masculin ne fût une manne du ciel. Et Schongesicht avait été attaché à Paris; et Schongesicht y avait eu un scandale avec une danseuse ! Il devait être charmant.

A sa première apparition dans le monde de X..., le comte de Schongesicht fut acclamé de prime abord. En effet, il était impossible de se montrer plus insolemment poli, plus courtoisement conquérant. Il avait peine, évidemment, à porter le poids des lauriers de sa patrie; mais enfin, avec un effort soutenu, il y parvenait. Envers le Grand-Duc, il fut plein d'une affabilité protectrice, toujours prêt à l'assurer que son auguste souverain était parfaitement décidé d'octroyer à S. A. R. le Grand-Duc de vivre encore quelques années encore, et que lui, Schongesicht, s'en portait volontiers garant. Toutes les conseillères particulières raffolèrent de ses galanteries précieuses, car pour Son Excellence les compliments aux femmes faisaient évidemment partie de sa *ligne de conduite*.

Le succès des Schongesicht fut complet, et ils acceptèrent avec bonté toutes les invitations. Rien de plus majestueux que leur entrée dans un salon. La comtesse de Schongesicht (née von Tock) n'arborait que les couleurs les plus vives, et avait résolu de faire tenir sur sa volumineuse personne le nombre le plus incalculable de nœuds, de ruches, de doubles jupes, et comme on n'avait pas dans tout X... à lui opposer une personne d'une taille plus majestueuse, ni des épaules plus larges et plus charnues, elle triomphait. Quant à Son Excellence, il représentait la quintessence de la morgue prussienne, ce à quoi rien ne ressemble sous le ciel. Il ne portait pas sa tête, il l'exhibait; un demi-sourire sardonique était figé sur ses lèvres; sa brochette de décorations, longue et fournie, pendait nonchalamment, et comme par faveur, au revers de son habit. Quant à l'*Aigle rouge,* qu'il portait au col, on comprenait à première vue que ce ruban-là empêcherait seul un homme d'être guillotiné.

Et avec cela, si avenant! La comtesse de Schongesicht fit sa tournée de visites de la façon la plus gracieuse. Elle mit toute la bonne volonté possible à parler d'elle-même et de ses affaires dans le plus grand détail. On sut, au bout de peu de jours, les inquiétudes causées par la croissance de la charmante Hilda, les étonnantes dispositions du précoce Wilhelm; on apprit, à un thaler près, ce que recevait par an la *Mademoiselle française de Berne* qui présidait à l'éducation de mademoiselle Hilda.

Toute la ville s'occupait à trouver des domestiques à l'aimable comtesse, et les meilleures, les plus entendues ménagères de X..., où l'on se pique de l'être, mettaient à son service leurs lumières et leur expérience.

Mais ce qui occupait en première ligne la comtesse de Schongesicht (née von Tock), c'était le choix d'une maison. D'après tout ce qui était absolument nécessaire, on craignit bientôt que X... ne contînt pas de local disponible répondant même de loin à tant d'exigences. On en était arrivé à engager des paris ; c'était la distraction des soirées intimes entre collègues amis : Metlieeff tenait que Schongesicht demanderait à son gouvernement de faire évacuer la caserne ; la jolie baronne, la *chargée d'affaires* de France, tenait pour le palais. On enverrait le Grand-Duc à Ludwigsglück, et tout serait dit. En attendant, les tapis de Smyrne de la comtesse de Schongesicht étaient conservés dans le poivre !

II

Tout galant qu'il fût, Son Excellence passait pour un époux modèle ; la comtesse de Schongesicht (née von Tock) vantait sans cesse les vertus conjugales de son *Otto,* car il s'appelait *Otto,* comme l'illustre chancelier ; car le comte de Schongesicht montrait vis-à-vis de ces pauvres personnes, le chargé d'affaires de France et sa femme, l'attitude la plus conciliante ; on disait même qu'il avait promis à la jolie baronne d'écrire en haut lieu au sujet d'un certain caporal bavarois dont elle avait raconté les exploits pendant la guerre. La comtesse de Schongesicht avait assuré avec bonté la chère baronne que son mari lui trouvait beaucoup d'esprit, et que lui, qui avait horreur en général de l'*esprit léger* des Français, faisait une exception en sa faveur ; ceci avait été raconté par la comtesse de Schongesicht en plusieurs bons endroits, et accueilli avec le respect dû à un jugement aussi compétent.

Son Excellence avait loué également à plusieurs reprises la jolie maison de la baronne ; mais la comtesse de Schongesicht ajoutait aussitôt que, quoique *très-convenable* pour le chargé d'affaires de France, pour eux la maison aurait été beaucoup trop petite ! Véritablement, elle désespérait de s'installer jamais à X...

La baronne, elle, ne trouvait S. Exc. le ministre de Prusse qu'un peu trop aimable. Passe encore de répondre à ses divagations sur la littérature française qu'il *adorait*. Son Excellence confia, en effet, à la baronne que Béranger était son poëte favori, et, au dîner chez le ministre des affaires étrangères, lui récita des fragments du *Dieu des bonnes gens*. Mais des généralités littéraires, Son Excellence en arriva bientôt à des particularités plus intimes, et elle dut s'écouter révéler en stricte confidence par Schongesicht que son véritable caractère, plein d'ardeur et de fougue, lui rendait bien difficile à porter le harnais diplomatique!

Ajoutez que Son Excellence n'avait nullement besoin d'encouragement : avec la plus exquise assurance, il accaparait la place à côté de la baronne, absolument comme s'il eût été attendu ou désiré. Et de fait, pourquoi ne l'eût-il pas été quelque peu? Loin de nuire à la jolie baronne, ces attentions illustres valaient à la femme du chargé d'affaires de France les meilleurs sourires de toutes les nobles dames de X..., et les Machiavels de l'endroit se demandaient déjà comment on pourrait utiliser cette influence! Jusque-là, cependant, l'amoureux ministre avait été consigné à la porte de la jolie maison du Weisstrasse où demeurait la baronne, et n'entrait présenter ses hommages qu'aux heures les plus officielles. Mais voilà qu'un beau matin il fut admis sans pourparler. Un doux espoir traversa son esprit : elle y venait donc, cette Française jeune et moqueuse!...

Elle était seule, sûrement elle avait deviné sa visite; aussi, très-enhardi, il commença par se plaindre tendrement qu'on ne le recevait jamais, qu'il y avait parti pris.

— Mais non, mon cher ministre; je suis à mon *speisse kamer*, je pèse le sucre pour les confitures.

— Je ne le crois pas.

— Douteriez-vous, par hasard, de mes vertus domestiques?

— Vous êtes trop jolie et spirituelle pour ces choses-là.

— Vraiment, comme vous arrangez cela! Cependant madame Schongesicht m'a répété que vous aviez horreur du caractère léger des Français.

— Mais pas de celui des Françaises, chère baronne, pas de celui des Françaises. .

Ceci avec le plus tendre regard.

— Vous devenez si galant que je vais croire que vous êtes Français, vous aussi.

— Je serai tout ce qu'il faudra pour vous plaire!

Et il devint éloquent sur ses mérites, sur ses sentiments, et fit clairement entendre à la baronne qu'être aimée de lui, Schongesicht, était une part de *reine*.

On ne lui dit ni oui ni non, et Metlieeff entrant,

elle finit sa phrase par un : « Ah ! madame de Schongesicht est bien heureuse ! »

— Pour le coup, c'est clair! pensa Son Excellence. Et il s'en fut d'un pas si important que, tout habitué que fût le chasseur de Son Excellence à cette allure, il en resta frappé d'admiration.

Quant à madame de Schongesicht, le visage sévère de son époux la persuada qu'il était engagé dans quelque sérieuse négociation, et pour l'en distraire, et avec les meilleures intentions, elle eut recours à de petites mines fringantes qu'elle adoptait volontiers vis-à-vis de son Otto. La tentative lui valut un rappel assez sec au sentiment de sa dignité. Ah! qu'elle était fière de son mari!

Le ministre sortit à huit heures sans donner d'explication, et madame de Schongesicht le suivit en pensée à quelque audience particulière de S. A. R. le Grand-Duc. — Il allait tout simplement au théâtre de Gœthe, et, à huit heures et demie, sa présence était signalée dans la loge du *Geschaft-Trager* de France.

Le lendemain, tout heureux, Son Excellence retourna chez la baronne. Elle ne recevait pas ; l'ordre était formel, il fallut se résigner à laisser sa carte. Une heure après, un petit billet plié en tricorne était remis à Son Excellence.

« Aimable Excellence, écrivait-on, je ne sais
« comment on a compris mes ordres ce matin. Ve-
« nez me voir : je serai chez moi à cinq heures.

« Amicalement.
« B. DE T.

« J'ai une grande nouvelle à vous annoncer.

« B. »

Le comte de Schongesicht vit rose ! Il ne chercha pas quelle était la nouvelle : il était attendu !

On n'est pas diplomate pour rien, et il commença par aller prescrire à la comtesse de Schongesicht une tournée de visites à l'autre bout de la ville, lui recommandant de n'en pas manquer une seule. Son Excellence procéda ensuite à la toilette la plus minutieuse et se trouva prête encore trois quarts d'heure trop tôt. Enfin l'heure sonna. En arrivant au Weisstrasse, il remarqua dans l'antichambre une certaine agitation. Au salon, on parlait, et il y trouva le vicomte de Vatoujour écrivant sous la dictée de la baronne ; elle ne s'arrêta qu'une seconde pour lui serrer la main, lui fit de la tête signe de s'asseoir, reprit sa dictée et, au bout de deux longues minutes, expédia le jeune attaché, que Son Excellence vit disparaître avec une joie sans mélange.

— Eh bien ! vous savez déjà la nouvelle, n'est-ce pas ? Nous partons : mon mari est nommé à Athènes !

Elle dit cela tout en arrangeant son bureau, mais du coin de l'œil elle ne perdit rien de la confusion de Son Excellence.

Il ne trouva qu'un mot dans son trouble :

— C'est un avancement...

— Oui, et je vous remercie d'y penser.

— Et depuis quand cette nomination ?

— Elle est officielle de ce matin.

Il avait eu le temps de se ressaisir, et, avec conviction, il reprit :

— C'est une triste nouvelle pour moi !

— Et pour moi; j'ai encore un bail de deux ans.

— Mais en dehors de cela...

— Il y a les pour et les contre.

Elle avait l'air si clément, que Son Excellence demanda :

— Ah! si j'osais croire !...

— Croyez que je vous dirai adieu avec beaucoup de regret.

Schongesicht se rapprocha, et prenant la main de la baronne pour la baiser, on le laissa faire.

— Mais vous ne partez pas tout de suite?

— Dans quinze jours : c'est l'ordre supérieur. Ne prenez pas l'air tragique : on se retrouve toujours dans notre carrière.

— Comme vous êtes indifférente !

— C'est vrai; en ce moment je n'ai pas d'autre

idée que ce malheureux bail; je viens d'envoyer Vatoujour chez tous les agents.

— Puis-je vous être bon à quelque chose ? Vous savez que je ferai tout pour vous être agréable.

— Alors, prenez ma maison.

Il la regarda pétrifié.

— C'est que... que... madame de Schongesicht...

— Je sais, il lui faut un palais; quelle folie ! Est-ce que vous resterez ici, vous ? Je parie qu'avant un an vous êtes nommé à un grand poste; vous auriez bien tort de prendre une installation sérieuse; réservez-vous donc pour une ville qui en vaille la peine.

Soit que la raison lui parût juste, soit qu'il eût tout de suite entrevu le parti qu'il allait pouvoir tirer d'une petite complicité d'intérêts, Son Excellence répondit, rassérénée :

— Certainement... Et puis, à vrai dire, je trouve cette maison charmante.

— Voulez-vous que je vous la fasse visiter ?

— Avec plaisir, baronne.

— Je commence. Ceci, monsieur le comte, est le petit salon : vous voyez, il est joli, clair, bien décoré...

— J'y ai passé de bien doux moments, soupira Son Excellence.

— J'en suis charmée. Voyons, prenez ces bougies et éclairez-moi. Ceci est le salon de réception : je prie Son Excellence d'en observer les proportions... Et il y a un parquet...

La baronne fit une petite glissade pour démontrer la bonté du parquet.

— Comment voulez-vous que je regarde autre chose que vous ?

— Trop aimable, mais regardez d'abord ma salle à manger; y en a-t-il une plus agréable à X... ?

— C'est vous qui la rendiez agréable.

— Ne renversez pas de bougie sur le tapis... Nous allons monter maintenant, et je vais vous faire pénétrer dans mes appartements particuliers.

Et, arrivés à l'étage supérieur :

— Voici une très-belle chambre à coucher; je ne vous cacherai pas que c'est celle où je respire. Tenez donc ces bougeoirs, je vous en conjure.

Son Excellence se préparait à s'en débarrasser pour mieux souligner ses phrases.

—Après... après, les déclarations; soyons sérieux un instant, Excellence, et visitons la maison. Une... deux... trois... quatre chambres à coucher...

et des armoires... je vous prie de noter mes armoires. Maintenant nous allons monter au grenier, et je vous mènerai à la cave. Ah! vous savez, les affaires sont les affaires.

Si les douces espérances de Son Excellence ne se réalisèrent pas positivement ce jour-là, c'est qu'à coup sûr le temps manqua pour visiter la cave et le grenier. Mais, en homme sûr de son fait, le lendemain, Son Excellence écrivait :

« Chère baronne,

« Si vous avez la bonté de me le permettre, je passerai chez vous aujourd'hui pour visiter une seconde fois la maison. Je ne me suis pas bien rendu compte du second étage.

« Votre respectueux et bien dévoué serviteur,

« Comte de Schongesicht. »

On lui répondit immédiatement :

« Mais oui; venez après onze heures et demie, on vous laissera entrer.
« B. de T. »

Son Excellence visita une seconde fois la maison du haut en bas, mais cette fois respectueusement escorté par le maître d'hôtel de la baronne. L'inspection consciencieusement faite, Son Excellence reparut au salon, espérant un léger dédommagement; mais il n'y avait pas à placer une phrase. — M. Levy était là pour parler à madame la baronne au sujet de la maison; il n'était pas parti que

M. Schwartz apparaissait pour le même motif. — Son Excellence s'en alla désespérée et décidée à tout.

*De la comtesse de Schongesicht
à la baronne de T...*

« Chère madame la baronne,

« J'apprends avec le plus grand regret la nouvelle de votre départ. J'ai été *vraiment* désolée d'être sortie quand vous êtes venue hier. Voulez-vous me permettre de venir visiter votre maison ? je l'ai *toujours* trouvée *si jolie !* et maintenant que j'ai le regret de penser qu'elle va être libre, je crois qu'elle pourrait peut-être me convenir.

« Votre dévouée,

« Comtesse de Schongesicht,

« née von Tock. »

On ne saura jamais comment Son Excellence parvint à persuader à la comtesse de Schongesicht qu'elle avait toujours désiré la maison du Weisstrasse. La baronne fut modeste, du reste, et dénigra sa maison avec la meilleure grâce, en signala tous les défauts, et répéta à satiété que la comtesse Schongesicht ne pouvait, naturellement, y voir qu'un pied-à-terre, en attendant le grand poste qui était certain. Madame de Schongesicht elle-même expliqua la chose ainsi, quand, à la surprise générale, on apprit à X... que S. Exc. le ministre de Prusse prenait le bail du chargé d'affaires de France.

Le comte de Schongesicht à la baronne de T...

« Le vieux Levy a mes ordres pour vous porter le bail *signé* ce matin. J'espère qu'on pourra maintenant vous parler d'autre chose que de votre location.

« Vous savez que je vous adore.

« Schongesicht.

« Je serai chez vous à une heure. »

La baronne de T... au comte de Schongesicht.

« Mon cher comte,

« Je suis renfermée dans ma chambre par une grippe affreuse; défense de voir qui que ce soit; mon mari recevra Levy.

« Mille amitiés.

« Baronne de T... »

Le lendemain.

« Que de remercîments à vous faire pour ce bail si obligeamment signé! J'ai été désolée de vous manquer encore hier; nous partons huit jours plus tôt, c'est l'ordre. Adieu et au revoir! je me mets en route ce soir à six heures.

« Baronne de T... »

SOULIERS GALANTS

Le ministre des affaires étrangères à X... était l'heureux mari d'une femme charmante. Son Excellence approchait de la soixantaine, tandis que madame la marquise abordait à peine une florissante trentaine. Le ministre était fort aimable, la ministresse ne l'était pas moins, seulement quelque peu capricieuse; la plus serviable amie, toute pleine d'un zèle militant, mais une assez rancunière ennemie, et, malheureusement, les plus en faveur la veille n'étaient pas sûrs le lendemain de la même fortune.

Une coterie intime entourait invariablement la marquise, mais les personnages changeaient, ce qui aurait pu expliquer bien des avancements de carrière, bien des changements de destination, dont la cause était restée voilée aux yeux du profane. Aussi les secrétaires du plus bel avenir, les jeunes attachés les plus aimables, ne prenaient-ils jamais un congé sans venir déposer aux pieds de la marquise l'humble hommage de leurs respects. Quelques esprits frondeurs avaient voulu, en vérité, tenir tête à cette occulte influence; mais, le plus souvent, ils finissaient par aller rafraîchir leur mauvaise humeur dans quelque poste de l'extrême Orient.

En revanche, les serviteurs empressés étaient l'objet de sa vigilante protection, et il était patent que ces messieurs de la légation de Paris jouissaient d'une considération toute particulière. Pas un, du reste, qui ne se déclarât compétent à exécuter les plus difficiles commissions féminines: celui-là allait querir des plumes à la rue du Caire (on croit encore à la rue du Caire par delà la frontière), l'autre se chargeait d'assortir les rubans et de transmettre au couturier les plus minutieuses indications.

Le plus affairé et le plus exact entre tous était

le jeune Ottobini, des princes de ce nom ; il avait le privilége exclusif de présider aux commandes délicates des gants et des chaussures. Ce qu'il dépensait à cette tâche de soin, d'attention ; ce qu'il y consacrait de journées, justifiait sans doute de fréquentes absences de la chancellerie, absences

dont il était de fort mauvais goût de parler au ministre. Le rêve d'avenir d'Ottobini consistait uniquement dans l'espoir de prolonger indéfiniment son séjour à Paris. Après avoir dansé dans tous les bals comme *attaché,* il espérait mener les cotillons comme *secrétaire,* et enfin, comme conseiller, dîner finement dans les meilleures maisons. Ses rêves d'avenir s'arrêtaient là, et Ottobini laissait au hasard le soin du parafe final. Cependant, comme ce programme devait être difficile à exécuter, vu les traditions de carrière et autres, Ottobini cultivait avec une suite et une patience bien méritoires les influences dont il espérait tout, et, de plus, savait, sans l'afficher, n'être point exclusif, laissant la porte ouverte à cette éventualité redoutable : un changement de ministère.

Un matin, arrivant à la légation, Ottobini trouva une missive confidentielle de la marquise; l'enveloppe était si bien bourrée de petits échantillons de soie qu'elle avait paru presque suspecte à la poste. La chose était sérieuse. Il fallait, pour les toilettes dont on mandait les nuances délicates, faire confectionner les souliers les plus nouveaux, les plus élégants, les plus séduisants; il s'agissait d'être noblement sous les armes pour la réception de très-hauts princes d'une cour du Nord. Les derniers souliers reçus étaient rococo; on en voyait d'absolument pareils chez les marchands de X... On devait à toute force sortir de cette désolante banalité.

Ottobini, en homme aimable, n'était pas sans avoir des relations dans des mondes ondoyants et divers. La marquise le lui insinuait, ajoutant que, pour la servir, il saurait les mettre à profit et se faire renseigner sur les élégances les plus raffinées. La lettre se terminait par le conseil amical de trouver quelque bonne raison de famille qui nécessitât un congé, la promesse d'en appuyer la requête, et, avant toute chose, des souliers à encadrer.

Le plus joli pied!... pensa Ottobini.

Aussitôt il se mit en campagne, mesura d'un coup d'œil rapide les difficultés de l'entreprise, et se promit de la mener à bien. Tout d'abord, le temps était court; il fallait, à douze jours de date, pouvoir déposer littéralement aux pieds de la marquise des chefs-d'œuvre inédits.

— Elle aura ce qu'on n'a jamais vu, ou je ne m'appelle pas Ottobini.

Il commença par consulter une collection de gravures du dix-huitième siècle, qui ornaient fort ga-

lamment sa chambre; mais l'éternelle petite mule des souriantes minaudières est tout ce qu'il y a au monde de plus connu, et un échantillon bleu argent le faisait surtout rêver à quelques pantoufles dignes d'une reine. Après mûres réflexions, il renonça à composer lui-même de l'inédit et s'en alla chez le faiseur habituel de la marquise. On l'entoura dès la porte, on lui exhiba des souliers Louis XIII, Louis XV, Louis XVI, les plus apocryphes; on fit tournoyer devant ses yeux les talons les plus pointus et les plus cambrés, on étala les nœuds les plus enlevés, les plus fringants; rien de tout cela n'était l'idéal entrevu dans sa pensée. Quand la marquise parlait de nouveauté, elle ne voulait point dire un nœud à trois coques au lieu d'un nœud à deux; non, il fallait autre chose, et il vit qu'on ne trouverait pas. Trop poli pour ne laisser rien paraître, il loua, promit d'en écrire à la marquise, prit note des prix, mais se garda de rien commander.

En sortant, il se rendit tout droit chez une des amies qui aidaient à lui faire trouver Paris un si aimable séjour. Il lui fit sa confidence, demanda ses conseils. Les échantillons de la marquise furent exhibés, on lut même une partie de lettre, et la matière jugée digne du plus vif intérêt, il fut décidé que, guidé par les lumières de l'amie qui acceptait de présider à l'importante commande, on se confierait à l'artiste qui avait l'honneur de la servir elle-même. On se rendit chez lui sur l'heure; ce n'était pas dans une vulgaire boutique, mais

dans un appartement fermé au profane. L'attaché et l'amie furent reçus comme ils devaient l'être. X... s'empressa de faire à Ottobini les honneurs de souliers qui lui parurent dignes du pied de la marquise, et comme la question du prix ne devait point intervenir pour arrêter l'essor de son génie, l'artiste promit de se surpasser. Pour la robe bleu argent, on convint de sabots mignons, cambrés, effilés à la japonaise et s'attachant sur le cou-de-pied par une patte qui devait troubler toutes les têtes; on ménagerait l'emplacement aux brillants, car sans brillants le soulier était manqué; c'était la condition absolue du genre.

Ottobini resta là deux heures, recommandant les nuances, discutant les moindres détails. Il prit dix fois son chapeau et revenait toujours dire quelque chose. Tout parfaitement décidé, il partait définitivement, quand l'artiste s'écria tout à coup : Mais la mesure, monsieur, la mesure, je ne l'ai pas!

Ottobini faillit s'évanouir. La mesure, il ne l'avait pas non plus, le malheureux! On songea aux expédients inadmissibles de l'aller demander chez le fournisseur éconduit; il comprendrait pourquoi on la voulait, et aurait soin de la donner à faux. On pouvait télégraphier, mais où? La marquise était sur les grandes routes, on perdrait un temps précieux. Écrire, cela se pouvait encore moins. Cependant il fallait prendre un parti; l'artiste était consterné, Ottobini désespéré, quand l'amie eut une inspiration : elle entraîna l'attaché dans un coin de la pièce, lui parla à mi-voix et en souriant ; il souriait aussi tout en se défendant.—Vous devez pourtant avoir un gant.

— Un gant ? Oui, peut-être. Pourquoi ?

L'amie se retourna vers l'artiste :

— Avec un gant, vous pourrez, n'est-ce pas, vous rendre compte du pied ?

L'autre répondit bravement : Oui.

— Il me faudrait seulement quelques renseignements complémentaires ; par exemple, le cou-de-pied de madame la marquise est-il accentué ?

— Extrêmement.

— Le pied est-il gras ou maigre ?

— Très-potelé.

— Parfaitement. Et il prenait des notes.

— Madame la marquise aime sans doute une chaussure ajustée ?

— Fort ajustée.

— Le talon a-t-il de l'importance ?

— Pas autrement que pour la grâce.

— Madame la marquise est d'une belle taille ?

— Oui.

— Eh bien ! monsieur, avec ces indications et un gant, je crois pouvoir vous promettre de réussir.

Cette formelle assurance ne fut pas sans laisser

une légère inquiétude dans l'esprit du jeune attaché.

L'amie le rassura. X... était un homme de génie, il s'en tirerait en maître.

On partit à la recherche du gant; il était gisant, pêle-mêle, avec d'autres *memento* parfumés.*

Ottobini, le retrouvant, le baisa aussi galamment que si la marquise eût été là pour le voir, et, ne doutant plus du succès, médita seulement la maladie d'un oncle testateur dont la santé chancelante l'avait déjà appelé bien des fois à ses côtés, toujours pour le trouver guéri à l'arrivée.

La demande de congé fut dûment expédiée, et l'autorisation du ministre revint par télégramme. Caressant dès lors les plus doux projets, Ottobini passa quelques jours charmants en attendant celui du départ : il avait reçu une *amabilissime* lettre de la belle marquise, et l'avenir lui semblait couleur de rose.

La commande fut livrée à l'heure et au jour dits; soumise à l'inspection sévère de l'amie, elle fut jugée par elle digne de tous les suffrages.

Ottobini était quasi amoureux de ces jolis petits souliers; il leur trouvait presque une personnalité, bien campés, élancés, semblant prêts à se mouvoir tout seuls. Il ne douta pas de l'extrême approbation de la marquise, lui envoya une dépêche rassurante, et se mit en route.

Il trouva la santé de l'oncle très-consolidée, et reçut de lui le conseil d'aller à X... pour les fêtes. Ce fut avec ce petit boniment que le jeune attaché se présenta devant son ministre. Il fut écouté distraitement, Son Excellence étant alors plus occupée de combinaisons européennes que des fortunes du bel Ottobini, lequel annonça l'intention d'aller déposer ses respectueux hommages aux pieds de la marquise et fut approuvé.

La marquise était installée à l'hôtel, sans une minute pour respirer à l'aise; car, entre les majestés, les officieux, les visites officielles, les affaires de cœur et le désordre de ses malles, elle passait des journées qui auraient été écrasantes pour une autre, mais qui ne l'empêchaient point d'être fraîche, reposée, et se mourant surtout d'impatience de voir venir ses souliers. Il faut dire aussi que le souverain attendu lui avait jadis fait force compliments sur son joli pied, et qu'elle avait particulièrement à honneur de maintenir cette admiration.

Elle ne fit donc pas attendre Ottobini, le reçut,

coiffée de gala, en robe de chambre garnie d'alençon, son griffon sur les genoux, une tasse de café à la main et son plus divin sourire sur les lèvres.

Après les passes courtoises justifiées par la longue absence, la marquise ouvrit fiévreusement les bienheureux paquets.

— Ce sont des chefs-d'œuvre! Ottobini, tout simplement des chefs-d'œuvre! Et elle montra ses dents blanches.

— Alors, vous êtes contente de votre commissionnaire, marquise?

— Pas contente, enthousiaste!

— Et vous l'emploierez encore?

— Toujours. Ce n'est pas Casanera qui aurait une pareille initiative.

— Pourquoi n'ai-je pas seul votre confiance?

— Cela viendra peut-être, car vous êtes un homme charmant. Ces souliers bleus et argent sont tout ce que j'ai vu de plus réussi; je vais vous montrer leur robe à titre de récompense.

La splendide toilette fut exhibée; on laissa voir même à l'heureux attaché les bas, si fins qu'ils auraient passé à travers une bague, et tout chatoyants de fils argentés.

— Hein! est-ce complet?

— Mais, marquise, vous n'avez pas besoin de tout cela pour être adorable.

— Je le sais, mais la toilette ne m'enlaidira pas non plus. Vous me verrez, très-cher, je veux être belle comme je ne l'ai jamais été. Vous savez que c'est nous qui avons fait l'alliance?

— On ne pourra pas vous approcher pendant les fêtes.

— C'est probable, mais on se retrouvera à R... Ah! mon pauvre Ottobini, vous y trouverez bien des choses différentes de l'an passé; la Sainte-Giacinto a eu la jaunisse du ministère manqué; elle est fort laide. — Adieu, baisez-moi la main, j'ai à aller recevoir les princes à deux heures.

Ottobini sortit radieux; il se vit secrétaire et se considéra dès l'heure comme immuable à Paris. Tranquille sur l'avenir, il se résigna à jouir du présent, se promettant de se trouver souvent sur le chemin de la belle ministresse.

Le lendemain soir eut lieu, au palais, le bal donné aux hôtes princiers; ce bal avait été précédé d'un dîner. Ottobini faisait haie avec le reste, quand entrèrent les illustres personnages suivis des ministres. Il n'eut d'yeux, lui, que pour *sa marquise,* pensant l'apercevoir rayonnante. — Elle apparut, marchant fièrement, portant haut sa tête endiamantée, et le petit pied, que découvrait la robe un peu écourtée, était enchâssé dans le fameux écrin bleu et argent; les intentions de l'artiste parisien avaient été réalisées en leur entier, et la patte s'ajustait par un gros brillant. La marquise passa Ottobini, le frôlant de ses longues jupes sans laisser tomber un seul regard sur lui. Elle souriait, mais avec une certaine contrainte, à l'altesse à barbe blonde qui l'honorait de ses madrigaux.

Ottobini se dit tout de suite : Elle a été contrariée au dîner; puis il songea qu'elle pouvait s'être brouillée dans la journée avec ses plus intimes amis. Seulement, quand cela arrivait, elle le prenait d'habitude fort philosophiquement, et après inspection, tous les fidèles attitrés lui parurent avoir leur mine ordinaire.

Ce n'était donc pas cela.

Ces princes l'ennuient, pauvre marquise, si bonne enfant ! Il est de fait que depuis hier elle mène une existence affreuse; elle n'a pas eu une minute de répit.

Il pensa qu'il tâcherait plus tard de l'approcher et de lui offrir quelques consolations affectueuses.
— En attendant, on dansait le quadrille d'honneur.
— La marquise faisait vis-à-vis à une princesse du sang et avait pour cavalier un prince héritier. En pareille occurrence, elle étalait assez naïvement sa grandeur. Ottobini resta confondu de son attitude glaciale; il nota qu'elle parlait peu, souriait en serrant les lèvres, et au moment précis où, glissant avec sa grâce accoutumée, elle offrait sa main au prince, il la vit pâlir manifestement.

— Grand Dieu ! elle va s'évanouir ! se dit Ottobini, et autour de lui il entendit qu'on remarquait le trouble de la marquise; on questionnait un aide de camp princier, qui assurait que, fort gaie au début du repas, elle s'était assombrie sans raison vers la fin, et il ajoutait en manière de péroraison : — Elle se sera querellée avec Son Excellence.

Ottobini était inquiet ; une brouille de ménage, un accès de mauvaise humeur pouvait lui nuire grandement. — Il souhaita de tout son cœur que la marquise fût malade.

Dans le courant de la soirée, la marquise repassa devant Ottobini. Elle était alors au bras du vieux et galant souverain qui l'avait complimentée dans d'autres temps sur son petit pied : c'était le souverain de l'alliance, et la marquise avait une sorte de droit de lui faire les honneurs du bal, car elle disait vrai, ce voyage était « *leur œuvre* », et cependant, au lieu des séduisantes coquetteries que chacun s'attendait à lui voir déployer, elle était abattue et triste, et si sa bouche souriait, son front se plissait, et cela dans un tête-à-tête avec une Majesté !

Ottobini n'en pouvait croire ses yeux ; il eut un moment une vision du marquis devenu soudain un Othello ; mais il chassa cette pensée en le voyant, lui, aussi parfaitement béat, heureux et triomphant qu'il est possible à un ministre de l'être.

A deux heures du matin, Ottobini put enfin s'approcher de la marquise ; il essaya quelques plaisanteries complimenteuses, mais elle ne lui en laissa pas le temps et lui tourna le dos.

Était-ce là sa récempense ?

Affolé, il eut l'idée malheureuse d'aller ennuyer le ministre : là aussi l'on ne tarda pas à lui faire comprendre qu'on avait autre chose à faire que de l'écouter.

Le reste de la nuit fut affreux ; comme un accusé

épie les regards de son juge, Ottobini ne pouvait détacher ses yeux de la marquise; il la suivait machinalement, et se trouvant sur ses pas comme elle revenait du souper, il lui parut positivement qu'elle lui jetait un regard courroucé.

Toute la royale compagnie s'étant retirée, Ottobini aperçut la marquise faire un signe précipité à Son Excellence, et il les suivait comme ils descendaient l'escalier. Là le voile tomba de ses yeux : la marquise s'appuyait d'une main lasse au balustre et boitait.

Ce fut assez, il s'enfuit, sûr qu'il était inutile d'essayer de se présenter devant elle le lendemain.

Le couple ministériel monté en voiture, la marquise laissa échapper une sorte de plainte, et, arrachant ses souliers :

— Ce que j'ai souffert ce soir est horrible; je ne sais comment je ne me suis pas évanouie vingt fois. Cet Ottobini est un imbécile!

— Comment, Ottobini! que vient-il faire là dedans? Vos souliers vous serraient donc, ma chère? c'est pour cela que vous étiez de si méchante humeur; Sa Majesté elle-même l'a remarqué.

— Je ne sais si elle aurait supporté d'un meilleur

front un pareil supplice; et ce misérable qui n'a pas cessé de se trouver sur mon chemin!

— Vous le traitez durement, vous qui preniez toujours si chaudement son parti, car je n'osais même pas vous dire qu'il est question de l'envoyer à Copenhague.

— Envoyez-le au Japon, et que je ne le revoie de ma vie.

Ottobini y a été!

LA GUEULE DU LOUP

I

S. Exc. M. Serge de Glouskine, conseiller d'État actuel, commandeur de plusieurs ordres, et ministre plénipotentiaire de S. M. l'empereur de toutes les Russies, à T..., y jouissait d'une position exceptionnelle. En premier chef, il y était depuis quinze ans, et l'on s'était accoutumé à la pensée qu'il y resterait toujours. Combien en avait-il vu passer de ministres, de secrétaires et d'attachés ! Lui seul était resté, immuable, choyé, adulé, craint. Doyen du corps diplomatique et despote de la petite société, sur laquelle il régnait en maître, rien n'était bon, ni bien, ni reçu, si M. de Glouskine ne l'avait d'abord approuvé ; très-gourmé dans ses cravates de commandeur, son éloge était rare et sa censure fréquente ; on lui amenait les jeunes attachés nouveaux venus comme de tendres agneaux à égorger. Son Excellence possédait cet esprit russe qui, quand il est mordant, l'est comme un acide et corrode tout ; le cynisme de meilleur ton ; il avait une façon à lui d'emporter la pièce, après laquelle il n'y avait plus de raccommodage possible.

Ses collègues le haïssaient courtoisement, et leurs femmes l'adoraient ; c'est qu'il était incomparable pour chasser l'ennui : il donnait de si agréables dîners ! Il avait des cigarettes si parfumées qu'on osait fumer chez lui, où cela semblait tout naturel. Sous prétexte de jeux innocents, le baccarat y était en honneur. Tout cela de l'air de la bonne compagnie. Il disait tout et toujours si bien ! Il mettait à l'aise la plus timide. Quand toutes ces personnes exilées s'ennuyaient par trop, la plus en faveur auprès de Son Excellence lui écrivait pour lui demander un dîner. Il faisait parade de ses préférences, qui rendaient fort glorieuse.

Il ne s'offrait pas une tasse de thé sans qu'il y fût prié, et la baronne de Teufelsbruck, grande maîtresse et très en faveur à la cour, n'en était pas si fière que de l'assiduité avec laquelle Glouskine venait à ses assemblées du dimanche ; elle était fort sensible également à sa manière de lui baiser la main quand il entrait, et le bras au-dessus du gant quand il prenait congé.

Personne n'avait jamais tenté de résister à cette domination établie ; les collègues anciens apprenaient aux nouveaux ce qu'il en était, et à la première occasion, on faisait sa cour à Son Excellence afin d'être reçu dans ses bonnes grâces. Rien ne mettait une femme plus à la mode que d'être souvent vue dans la loge du ministre de Russie, au Théâtre-Royal, et surtout au *Thalia theater*, où se jouait la comédie, et dont la petite avant-scène était réservée à l'intimité la plus choisie. C'était une note excellente si la femme d'un secrétaire y était vue la semaine de son arrivée à T..., et si c'était une femme d'attaché, elle était mise du coup au même rang que les *secrétairesses*.

Son Excellence prêchait la destruction en masse

des femmes laides, ce qui équivalait à se croire jolie dès qu'il vous regardait avec une certaine complaisance, et par ce fait de fort jolies, de fort huppées et de fort jeunes n'étaient pas sans avoir éprouvé pour Glouskine une partialité sur laquelle il savait

se taire. Ceux qui, du parterre, apercevaient au fond de sa loge ce grand homme, d'une pâleur mate, la moustache rousse, les yeux si clairs qu'ils en étaient transparents, un sourire moqueur sur les lèvres, le trouvaient fort laid, et avec raison; toutes les femmes cependant étaient d'accord pour dire de lui : « Il est charmant », éloge que les hommes ne lui pardonnaient qu'à cause de son cuisinier.

Son Excellence aimait la *cuisine* et la *femme* françaises; il mettait après l'Italienne, parce qu'elle fait du sentiment de bonne foi, ce qui est drôle quand on ne croit à rien. Pour ses compatriotes, il était cruel, mais elles ne lui en tenaient pas rigueur.

Une surtout lui était particulièrement bienveillante: c'était l'aimable madame Michaïloff, femme de son premier secrétaire, et dont le samowar avait toutes ses préférences. C'était chez elle qu'on ménageait les présentations. Son Excellence y buvant son thé dans un *verre* était toujours mieux disposée.

D'habitude, il n'était que poli pour les femmes d'attaché, et ce fut une nouvelle pour T... quand on raconta que très-positivement Glouskine avait, chez Olga Michaïloff, fait la cour à madame de Camon, jeune et assez austère personne avec un mari débutant dans la carrière. Elle n'avait d'abord paru que médiocrement sensible aux attentions de Son Excellence, qui lui parlait avec une galanterie slave des plus humbles de ses beaux yeux bruns; au bout de trois semaines, elle lui avait même dit à brûle-pourpoint, en plein salon de la Légation de France : « Mon cher ministre, ma vie commence à s'organiser; je vais prendre des habitudes et y serai le mardi pour mes amis; les autres jours, mes bébés, mon ménage et ma correspondance me réclament. » — Sans broncher, Son Excellence la complimenta de cet heureux arrangement, fut éloquent sur les félicités de l'état conjugal, plaignit les maris qui ont des femmes légères, et surtout les femmes qui ont des maris volages. Sur ce dernier point, il insista assez pour que la pauvre madame de Camon en vînt à regretter amèrement ses paroles : hélas!

son mari papillonnait volontiers, et, à cet instant-là, beaucoup plus qu'il n'aurait fallu avec la belle Olga Michaïloff.

M. de Camon était, en matière de bienséance, d'une sévérité excessive, ne permettant pas à madame de Camon ni ce plaisir, ni celui-là, comme ne convenant point à une honnête femme : mais sans doute parce qu'il ne rangeait pas madame Michaïloff dans cette catégorie, il se prêtait volontiers à toutes ses fantaisies, et l'accompagnait sans scrupule dans quelque petit boui-boui, dont il parlait le lendemain avec une vertueuse horreur; pourvu que, pendant ce temps, madame de Camon fût à s'ennuyer chez sa ministresse, il trouvait la morale parfaitement sauvée. Du reste, tout se faisait ouvertement, et madame de Camon était toujours priée de se joindre à la bande qui prenait à T... la vie aussi gaiement que possible. Sur les ordres absolus de son mari, elle refusait invariablement, et alors l'aimable Russe ajoutait : « Oui, chère madame, nous savons que vous êtes austère, vous, mais M. de Camon peut se permettre cette petite récréation : vous le voulez bien, n'est-ce pas ? »

Et, si la pauvre femme tentait sur son mari quelques reproches, quelques prières, il se déclarait méconnu, insulté dans l'immense respect et la tendre adoration qu'il lui portait, ajoutant que lui-même détestait tous ces plaisirs de mauvais aloi, mais qu'entre *collègues* il était impossible de fronder sans nuire à la carrière, et avec ce simple mot il lui fermait la bouche.

II

Madame de Camon commençait à la trouver bien rude, la carrière; tout y semblait triste ; peu à peu, elle prenait T... en horreur ; les dîners officiels la faisaient pleurer d'ennui ; cette existence au milieu d'indifférents, sans un souvenir, un visage familier, toutes ces nouvelles connaissances, ces devoirs d'une société étroite et exigeante, les petites tracasseries entre collègues, les jalousies cachées, cette fausse intimité de commande, sans épanchement ni réalité, cette langue étrangère qu'on entend de toute part, cet *exil* enfin, cette vie nomade du diplomate, sans attache ni foyer, tout cela lui pesait d'une cruelle tristesse, et il suffisait de la vue de son grand poêle de faïence pour lui rendre insupportable une soirée solitaire. M. de Camon dînait fort régulièrement chez lui, mais considérait comme un devoir de prendre à neuf heures son chapeau pour aller à la recherche des nouvelles qui devaient bouleverser l'Europe, et ayant baisé au front sa femme et sa vertu, il s'en allait fort tranquille. Toujours dans l'intention de se rendre au cercle, il s'arrêtait souvent pour dire bonsoir à madame Michaïloff, qu'on était sûr de trouver au théâtre et qui était la personne du monde la mieux informée.

Madame de Camon, privée des causeries de femmes auxquelles elle était habituée, sans l'ombre

d'intérêt pour les potins de l'endroit, sans personne à qui aller dire tant de choses qui prenaient vie dans son cœur, se réveilla un jour très-malheureuse et horriblement jalouse de madame Michaïloff. Sans qu'elle s'en doutât, la première idée lui en avait été donnée par l'aimable ministre de Russie; elle le voyait fréquemment, soit dans le monde, soit chez elle, où il continuait à venir plus souvent que le mardi de rigueur; comme elle était triste et ennuyée, peu à peu elle s'était prise à le regarder comme un ami; il était si discret, si sûr, du moins le disait-il volontiers. Un soir, ils étaient tous chez madame Michaïloff; on discutait bruyamment l'organisation d'un cotillon d'amis, chez un jeune célibataire autrichien, aimable garçon, brillant attaché militaire et parfait valseur, qui offrait volontiers des petites fêtes de famille, dont une collègue de bonne volonté faisait les honneurs; mais ces plaisirs n'étaient point pour madame de Camon, son mari ne les trouvant point d'assez bon ton pour elle, au juste tolérables pour madame Michaïloff et autres; elle n'écoutait donc pas et s'était assise un peu à l'écart, en face d'un album.

Glouskine vint l'y rejoindre.

— La fête de Droutzky vous donne donc des regrets, madame?

— Des regrets? Oh! nullement; on s'y amuserait sans doute autant qu'on le fait ici ce soir.

Et en parlant, ses yeux inquiets s'arrêtaient sur

son mari et la belle Olga, riant et causant de trop bonne amitié pour la tranquillité de ce pauvre petit cœur d'épouse. Son Excellence avait suivi ce regard.

— La belle Olga commence à montrer ses trente-huit ans, ne trouvez-vous pas? Elle danse trop cet hiver; ma parole, on verrait ses rides d'un côté à l'autre de la Perspective.

— Ah! l'aimable ministre, et pas méchant... Un excellent garçon, tout au contraire, se dit madame de Camon, et de tous le seul qui veuille être mon ami... Si je disais oui, vous me croiriez jalouse.

— De qui? d'Olga? Oh! pouvez-vous supposer? Jamais!... Et comme cela, votre porte est toujours close le soir à neuf heures? Est-ce un vœu, ou est-ce le mari qui l'ordonne?

— Ni l'un ni l'autre, mon cher ministre; vous me trouverez quand vous voudrez, à cette heure-là, en compagnie d'un livre et du mal du pays.

— Il faudra vous guérir alors de l'un et de l'autre; vous n'imaginez pas, chère madame, quel homme de ressource je suis. Je bats les cartes, je dis la bonne aventure, je fais de la magie blanche, j'excelle aux ombres chinoises, et je suis incomparable pour représenter la vieille *Teufelsbruck* perdant au whist; si, avec un pareil répertoire, je ne vous déride pas, je renonce à porter jamais un chapeau à claque : par exemple, je ne danse pas comme M. de Camon ! L'autre dimanche, chez Droutzky, il a fait vis-à-vis à l'Olga de mon cœur avec une verve qui a fait monter madame Santa-Pierra sur une chaise, afin de le mieux admirer. Il y a longtemps que la légation de France ne nous avait offert un entrain pareil ; vous savez qu'après le cotillon chez Droutzky, on ira au bal du théâtre ; toutes ces dames en sont... On ne vous l'a pas dit?... Ne le regrettez pas : ils seront tous bêtes ; l'intrigue, soit dit entre nous, est le plus sot des plaisirs ; mais madame Michaïloff a la fureur du masque, et, tous les ans, elle se fait un cas de conscience d'entraîner quelques collègues. On prend d'habitude les plus vieilles, cela prête à l'équipée un vernis de convenance qui y manquerait sans cela ; vous vous ferez raconter par Camon ce qu'on aura dit, la couleur du masque de madame de Santa-Pierra qui compte mettre une perruque blonde pour déguiser sa voix, et surtout les bons mots d'Olga Michaïloff, qui, entre nous soit dit, n'a peur d'aucun.

III

Madame de Camon interrogea son mari sur les plaisirs qu'on se promettait pour le mardi gras. Il fut muet comme le Destin. Elle parla des bals masqués du théâtre; il en fit un tableau sinistre. On pourrait y aller dans une loge?... insinua-t-elle. Il s'empressa de répondre qu'elle mourrait d'ennui... Mais elle en était fort curieuse, et avec une de ces dames?... M. de Camon ne voulut rien comprendre, et madame Michaïloff et celles qui lui avaient confié leur secret auraient été contentes de lui.

Ce soir-là même, Glouskine profita de la permission qui lui avait été accordée; il fut réservé, aimable, sut s'en aller sur le coup de onze heures...

Décidément, les soirées où il lui tenait compagnie étaient pour madame de Camon un véritable délassement; il l'amusait sans lui demander autre chose que de l'écouter. Elle le dit à son mari, qui avait pour Glouskine et ses prétentions un dédain dont il ne faisait pas secret, le considérant au plus comme une pièce rare, comme un fossile bien conservé, mais se moquant de ses mots, de ses calembours et de ses airs vainqueurs.

— Si ce vieux diplomate a le don de te plaire, j'en suis charmé ; cela prouve que tu t'amuses à bon marché. Seulement, permets-moi de réserver mon enthousiasme.

Madame de Camon eut au bord des lèvres : « *pour Olga* ». Elle n'osa pas, mais fit toutes sortes de réflexions philosophiques qu'elle crut lui appartenir en propre, bien que M. de Glouskine en fût l'unique auteur.

Madame Michaïloff était ravie de voir Son Excellence faire la cour à madame de Camon ; ravie de toute sorte de méchantes façons, car rien ne l'humiliait plus que d'entendre louer le mérite sérieux d'une femme jeune et jolie ; en revanche, dès qu'il y avait un mot à dire, elle avait des trésors d'indulgence. Quand Glouskine se sentit bien accepté comme ami, il tenta de se faire mieux venir, et hasarda une déclaration assez vive. Il choisit bien son heure. Madame de Camon, le jour même, avait pleuré au sujet d'Olga Michaïloff ; elle avait dîné seule, tandis que son mari était à un repas officiel dont Glouskine faisait aussi naturellement partie. Elle ne pensait donc pas le voir dans la soirée et fut surprise d'éprouver que cette pensée l'attristait. Elle revint pour la centième fois sur ses chagrins, fit un retour sur la séparation qui s'était établie entre son mari et elle depuis qu'ils connaissaient madame Michaïloff, et en vint à se dire qu'elle faisait un métier de dupe; que toute sa tendresse, tout son dévouement ne lui valaient pas même d'être à l'abri d'une Michaïloff sans jeunesse et avec des restes de beauté fort contestée.

Elle avait les yeux rouges quand S. Exc. le ministre de Russie apparut à son heure accoutumée, paré de toutes ses plumes de geai; il demanda pardon et se moqua de son uniforme, de ses panaches, de ses cravates multicolores; mais il avait absolument voulu lui baiser la main, — les deux mains, — et plus tard que dix heures, il n'aurait osé se présenter. Elle était si sévère dans ses habitudes, et chez madame Michaïloff on pouvait sonner à onze heures sans que cela surprenne personne.

— Ils vont tous prendre le thé chez elle, ce soir.

— Qui, tous?

— Les victimes du dîner dont je viens; il faut cela pour se dérider.

— Mon mari aussi, alors?

— Certainement; c'est même lui qui l'a proposé à Droutzky, car ce n'est pas une chose arrangée; mais ils sont sûrs de faire plaisir à Olga.

Il partit de là pour lui exprimer son admiration passionnée; elle l'écouta beaucoup plus patiemment qu'il ne l'espérait, le laissant parler tout à l'aise. Quand il eut tout dit, elle leva vers lui ses yeux bruns :

— Eh bien ! je crois que vous m'aimez beaucoup, et je vais vous donner un témoignage de ma confiance.

— Seulement de votre confiance?

— La partie chez Droutzky tient toujours?

— Certainement, les accessoires du cotillon sont même arrivés de Paris.

— Et ils vont au bal du théâtre?

— Je le crois bien.

— Alors, je veux y aller aussi, et ce sera avec vous, si vous ne dites pas non.

Il dissimula son triomphe pour ne point l'effrayer.

— Trop heureux de vous servir de chaperon... et vous verrez si je sais me taire. Voyons, combinons cela.

— Je ne veux pas naturellement qu'on le sache ici.

— Rien de plus facile : vous viendrez mettre votre domino chez moi... Pourquoi pas? vous y êtes déjà venue dix fois.

— Oui, mais... et puis comment arriverai-je chez vous?

— Rien de plus simple : invitez l'excellente petite Van Beck au théâtre avec vous; je viendrai vous y saluer. Vous vous trouverez fatiguée; je vous offrirai le bras; nous prendrons le premier drotschke venu pour rentrer chez vous, et, ma foi, nous irons au bal. — Pour votre camériste, vous serez chez madame Van Beck.

Tant de mensonges que cela! Ils lui firent horreur un instant; mais Glouskine sut vite les habiller d'un air d'excellente plaisanterie. Comme elle voulait être persuadée, elle le fut.

— Je vous enverrai ma loge au *Thalia theater* pour après-demain. Camon sera charmé de penser que, pendant qu'il danse, vous vous amusez vertueusement.

Il avait dit juste, le billet du ministre arriva pendant leur déjeuner; elle le lut à son mari.

— Ah! tant mieux; comme cela, tu ne passeras pas ton mardi gras au coin du feu.

— Je vais écrire à madame Van Beck, qui n'a pas non plus un carnaval bien gai.

— Tu as raison, elle n'est pas amusante, mais c'est une très-honnête petite femme; je te verrais avec plaisir te lier avec elle; vous pourrez vous faire une gentille existence toutes deux en vous rapprochant un peu plus.

— Oh! oui, une petite vie bien tranquille, dit-elle amèrement.

— Il est de fait que je ne te verrais pas avec plaisir marcher sur les brisées de certaines collègues.

Après un silence — ils étaient souvent silencieux depuis quelque temps :

— Alors, tu ne veux absolument pas me mener au bal du théâtre?

— Ma pauvre petite, qu'est-ce qu'un oiseau de ton joli plumage y ferait?

— En ce cas, n'y va pas.

— Je t'en conjure, ne joue pas à la femme jalouse; un homme qui a une carrière est forcé de faire au monde, à ses sottises, à ses plaisirs, quelques sacrifices. Tu sais combien je t'aime et je te respecte.

— Au point que tu ne me ferais pas même l'honneur d'être jaloux.

— Non, car je suis trop sûr de toi.

— En effet, tu l'es extraordinairement.

M. de Camon était de si bonne foi que le ton aigre-doux de sa femme ne lui fit pas perdre une bouchée; c'était l'homme le plus parfaitement heureux, jouissant de tout son cœur de son bonheur conjugal et n'ayant cependant perdu le goût pour aucun autre; il dînerait avec sa jolie et chère petite femme, la conduirait au théâtre, et la laissant en bonne compagnie, l'esprit tranquille sur son compte, irait s'amuser chez Droutzky et oublier qu'il était chargé de chaînes.

La pauvre madame de Camon s'était lancée désespérément dans son équipée; Glouskine venait la voir deux ou trois fois le jour au sujet du domino qu'il lui faisait préparer.

Le dîner du mardi gras fut pour elle une douloureuse épreuve : la peur, la jalousie, une sorte de désir de connaître le péril, tout cela bouillonnait dans son cœur; dix fois elle eut envie de raconter tous ses projets à son mari, de lui dire combien il la faisait souffrir, de faire appel à son ancien amour; mais la figure d'Olga Michaïloff surgissait soudain, et les bonnes, les consolantes paroles de Glouskine... sur l'*amitié* duquel elle *pouvait*, elle *devait* compter... Cependant se hasarder seule, la nuit, chez lui, dans sa voiture... ah! le cœur lui battait bien fort. Elle eut quasi envie de se découvrir une migraine terrible, puis elle railla sa propre faiblesse.
— « J'irai, je veux l'y voir, c'est mon droit enfin. »

Ils se quittèrent au théâtre; comme il la menait à sa loge, elle lui dit indifféremment : — C'est ce soir, n'est-ce pas, que vous cotillonnez chez Droutzky?

— Il paraît que oui ; aussi je rentrerai tard probablement.

— Alors, bonsoir.

— Bonsoir. Madame Van Beck vous reconduit?

— Oui, c'est convenu, amusez-vous.

— Bonne soirée; je t'assure que j'irais volontiers me coucher de bonne heure.

Madame Van Beck était une excellente jeune femme, ne parlant jamais que de ses enfants et de ceux des autres; aussi, pendant le premier acte, elle et madame de Camon s'attendrirent ensemble sur les perfections de leur petite famille... De temps en temps, madame de Camon se disait : « Je vais au bal masqué... avec Glouskine », puis elle reparlait des dernières dents de sa fillette.

A neuf heures, Glouskine entra dans la loge, salua ces dames et regarda madame de Camon d'une façon si significative, souriante et hardie à la fois, qu'elle en fut horriblement troublée. Elle pressentait un danger et ne savait si elle désirait le connaître ou si elle le redoutait.

M. Van Beck, qui copiait toutes les dépêches de sa chancellerie, sommeillait invariablement dans le monde; sa femme n'avait aucune malice, ils n'étaient point gênants, et Son Excellence put, en

termes discrets, faire allusion au bonheur qu'il éprouvait : le domino était prêt, rien ne manquait, tout irait à ravir.

Madame de Camon était si obstinément silencieuse que Son Excellence en devenait inquiet; il sut à temps placer quelques mots sur Olga.

Tout d'un coup, à son étonnement douloureux, il entendit dite par madame de Camon ces paroles qui lui firent perdre contenance, lui qui se croyait prêt à tout :

— Ma chère amie, j'ai une envie folle d'aller au bal du théâtre. Mon mari ne veut pas, mais je suis résolue à lui désobéir ; prêtez-moi M. Van Beck, vous me sauverez d'une folie, je vous assure.

Madame Van Beck, fort étonnée, essaya les remontrances. Son Excellence s'offrit en vain pour faciliter les projets de madame de Camon.

— Non, je vous en prie, permettez à M. Van Beck de venir. Et pourquoi ne viendriez-vous pas aussi ? Son Excellence vous donnerait le bras. Nous irons nous habiller chez lui, il se trouvera bien des dominos à passer, allons ; rendez-moi ce service d'amie.

La jeune Hollandaise n'était pas très-clairvoyante, mais elle entendait une voix vraiment émue, et faisant signe à son mari littéralement étouffé de surprise : — J'en avais grande envie aussi sans l'oser dire. Arnaud, faisons cette partie, je vous en prie ; notre cher ministre voudra bien me prendre sous sa protection, et je vous confie madame de Camon.

Et ils y allèrent, madame Van Beck se mourant de

peur, suffoquée, sans une parole à dire, et madame de Camon si tremblante que l'excellent Van Beck craignait qu'elle ne fût sur le point de s'évanouir. Quant à Son Excellence, on ne l'avait pas vu de si méchante humeur depuis la mort d'un cheval qu'il aimait fort.

M. de Camon brillait, le chapeau sur la tête, quand une voix de femme lui dit tout à coup :

— André, j'ai trop peur, ramène-moi.

. . . .

M. de Glouskine appelle madame de Camon *une coquette* dangereuse. M. de Camon n'a été jaloux qu'une demi-seconde, mais la sensation a été si vive que le souvenir suffit pour le garder d'Olga Michaïloff. Madame de Camon espère que son mari sera nommé à Berne. D'un commun accord, tout le monde a oublié le bal du théâtre, excepté M. Van Beck, qui y rêve en fumant de gros cigares.

ENGLISH IMPROVEMENT

I

... Olga Michaïloff a un répertoire d'amies extrêmement varié; elle s'en est pourvue pour toutes les circonstances de la vie; elle a l'amie avec laquelle elle sort, celle chez qui elle prend le thé tous les jours, celle avec laquelle elle voyage à travers l'Europe, l'amie de théâtre, l'amie de cour, l'amie plastron, l'amie complaisante, l'amie indigène et l'amie compatriote ; elle les aime toutes également, et en chatteries, en prévenances, est Slave jusqu'au bout des ongles. Dans toutes les résidences elle a laissé une infinité de « chères » auxquelles elle écrit de charmants billets avec une fidélité exemplaire, se réservant, en cas de retour, l'entrée dans la coterie la plus en vue.

Madame Michaïloff sait la valeur d'une amie et couvre de son mépris les femmes qui n'aiment qu'à s'entourer d'une cour masculine : ce sont des maladroites; elle passe sans les voir.

L'amie d'enfance est la véritable Providence du ménage Michaïloff. Quand on s'ennuie trop ou que le corps diplomatique tout entier semble éteint, madame Michaïloff s'en fait expédier une de Moscou, et aussitôt, et en son honneur, allume ses bougies, danse, soupe, et donne aux autres le prétexte d'en faire autant.

Dans le marasme de Tenheiffen, la venue d'une amie de la belle Olga est une distraction précieuse, et d'autant que madame Michaïloff n'en a point qui ne soient grandement ses cadettes, quoique invariablement juste de son âge, comme le fait charitablement remarquer M. de Glouskine. Madame Michaïloff était en froid avec Son Excellence. Le printemps était mortellement triste ; ces messieurs des différentes légations, fort paresseux; il fallait les inviter pour les avoir; les soirées paraissaient éternelles. A bout d'expédients pour se distraire, madame Michaïloff s'avisa un beau soir que marier une de ses cousines pauvre à quelque diplomate d'avenir serait à la fois moral, charitable et divertissant; elle télégraphia sur l'heure l'envoi de la jeune personne, espéra tout du hasard et attendit.

Vera Dognieff débarqua à Tenheiffen à l'heure dite; c'était une belle fille avec des yeux noirs et des cheveux blonds légers, soulevés et frisottants.

Toujours des robes à traîne immense et le chignon épais tombant jusqu'au milieu du dos; fort ennuyée d'être sans fortune et très-décidée à faire tout au monde pour réparer cette erreur du sort; elle était folle de joie de l'occasion que lui offrait sa cousine, et l'embrassa avec une tendresse d'esclave.

— Ma chère, dit la diplomatesse, ils s'ennuient tous à périr; tu n'auras jamais pareil jeu. As-tu un goût pour une nationalité quelconque?

— Non, Olga chérie!...

— Eh bien, alors, flirte avec les Anglais; nous avons un choix; ils sont trois, et tous passablement riches; le plus bête est Lynjoice; il est naïf et excellent garçon; une femme mènera avec lui une vie de reine. Regarde-les bien; dis-moi à qui tu plais, puis nous nous arrangerons, petite collègue mignonne.

Là-dessus, Vera baisa la main de madame Michaïloff dans un transport de reconnaissance.

Mais pour mener à Tenheiffen quelque affaire que ce fût, il fallait d'abord se faire un ami ou du moins un indifférent du ministre de Russie. Son Excellence fut donc invitée à dîner sans délai, et la petite compatriote, qu'on lui présenta, lui fit très-humblement toutes les grâces de couleuvre qui lui étaient naturelles; il fut froid, mais affable; un juge, mais un juge bienveillant; et, après le café, il se mit à interroger la jeune personne, il voulut la confesser; cela l'amusait, ce blasé, de voir le fond d'un cœur naïf; celui qu'il voulait démasquer ne l'était pas, mais la fine petite mouche se laissa arracher l'histoire de sa vie, de sa famille, de ses espérances, et avoua avec une parfaite ingénuité qu'elle voudrait bien trouver un mari. Glouskine pensa qu'il n'y aurait rien de déplaisant à jouer le bienfaiteur vis-à-vis d'une si agréable blonde, et se sentit mieux disposé envers madame Michaïloff depuis qu'elle avait chez elle de si jolies cousines. Il laissa donc partir les invités, prit son fauteuil des anciens jours d'intimité, et comme madame Michaïloff s'approchait de lui pour lui offrir un autre verre de thé, il le lui fit poser, prit ses deux mains, les rapprocha devant lui, les regarda, les baisa tout doucement l'une après l'autre cinq ou six fois, puis une fois chacune sur la paume, et ils furent réconciliés du coup. Olga s'assit en riant et en le grondant de la meilleure grâce.

— Est-ce que Vera vous a dit du bien de moi?
— Oui, elle vous adore, et moi de même.
— Comme dans *il tempo passato?*

— Encore plus.

— Eh bien, alors, il faut m'aider dans ma grande entreprise.

— Quelle est-elle? un secrétaire à faire changer?

— Non; il faut la marier, elle.

Vera faisait un petit ménage devant la table à thé.

— Mais oui, c'est une idée. Avez-vous pensé à quelqu'un?

— Que diriez-vous de Lynjoice?

— Parfait; mais c'est un garçon à passion; rendez-le amoureux de vous, et puis faites-lui épouser Vera; il doit aimer à s'immoler. A son défaut, nous avons le Hollandais Van der Bosch, un fort bon parti. Voulez-vous que je parle à la grande maîtresse? elle le voit souvent.

— Non, pour tout au monde. J'aurais voulu des tableaux vivants pour faire marcher tout cela; mais Paul gronde tellement la dépense...

— Eh bien! pourquoi pas chez moi?

— Ah! aimable ministre, que je vous aime!

— Ma chère, ne le dites pas si haut!

Le lendemain, chez madame de Santa-Pierra, qui était son amie de jour, Droutzky et deux ou trois de leur intimité étant présents, madame Michaïloff lança son idée.

— Je veux marier ma cousine à Lynjoice.

— Eh ! madame, pourquoi Lynjoice plutôt que moi ? demanda Droutzky.

— Pour mille et une raisons, mon cher, que je vous laisse deviner.

Madame de Santa-Pierra trouva ce projet charmant.

— Ce Lynjoice est très-gentleman.

— Tout gentleman qu'il soit, je vous parie qu'il ne se marie pas.

— Eh bien, monsieur de Bove, je tiens le pari, répondit madame Michaïloff ; ce sera cent louis si vous perdez, cinq si vous gagnez.

— Je le veux bien ; mais, madame, réservez soigneusement ces cinq louis.

— Et je tiens pour Olga, ajouta madame Santa-Pierra, et vous, Droutzky, et vous, Alvarez ?

L'aimable Droutzky fut d'emblée de l'avis de ces dames ; M. Pepe Alvarez tint pour M. de Bove, et les paris furent enregistrés.

— Mais de bonne guerre, ajouta Olga, et Droutzky des nôtres, avec sa vaillante épée nous serons victorieux.

Madame de Santa-Pierra voulut savoir si Lynjoice était déjà amoureux.

— Mais il ne l'a pas encore vue.

— Nous devons être présents à la première entrevue, afin d'être témoins du coup.

— C'est de rigueur, dit de Bove.

— Du tout, vous gâteriez l'affaire.

— Si, ma chère, laissez-les venir, je vais organiser une sauterie, votre Vera doit danser comme un ange.

— Madame, dit M. de Bove, marié de votre blanche main me paraît un sort bien digne d'envie.

— Vous avez la permission d'épouser, on vous sacrifiera Lynjoice.

Madame de Santa-Pierra protesta et développa sa théorie, comme quoi rien ne nuit plus à la carrière que de se marier trop tôt, tandis qu'il arrive un moment où c'est la plus utile chose du monde.

Lynjoice en était évidemment là. On fut d'accord sur ce point. Toutefois, MM. de Bove et Alvarez s'en allèrent fort persuadés de gagner leurs cinq louis.

II

Madame de Santa-Pierra resta tout un jour sans maudire le séjour de Tenheiffen, et le lendemain à midi, lasse d'attendre le soir, elle écrivit à Lynjojce d'avoir à venir lui parler. Il était à sa chan-

cellerie, copiant la plus ennuyeuse dépêche, et fut charmé de se déranger. Madame de Santa-Pierra lui dit en matière d'ouverture qu'elle avait grande envie d'une robe de véritable homespun, et s'il n'aurait pas quelque occasion sûre; puis, de la même haleine, s'il n'avait jamais été amoureux. Il avoua sans détour être fort sujet à ce mal, et que c'était, du reste, la seule chose qui lui fît prendre patience dans la carrière. Madame de Santa-Pierra l'assura qu'il fallait se marier, qu'il était créé pour les joies de la famille, qu'elle avait rêvé de lui, et qu'il devait indubitablement lui arriver quelque chose d'heureux. Lynjoice se demanda ce qui lui valait une si franche déclaration, et se mit en devoir d'y répondre; elle l'envoya promener, lui assurant qu'il se marierait parce qu'elle l'avait rêvé, qu'il n'oubliât pas sa robe de homespun dont elle ferait le compte avec celui de l'Iris Bouquet (qui courait depuis trois ans), puis elle l'expédia derechef à sa chancellerie.

L'après-midi, elle raconta sa démarche à Olga et à ces messieurs : on la jugea très-imprudente, quoique, pour le vrai, cette malice cousue de fil blanc eût fait rêver Lynjoice toute la journée, car se marier était depuis longtemps dans son esprit, sans que jamais il eût pu trouver le courage de faire la demande. Il avait même laissé à Stockholm une inconsolable personne, dont il aurait fait très-volontiers sa femme, si préalablement il n'eût fallu le lui demander, et sa conversation avec madame Santa-Pierra avait cruellement réveillé ce sentimental souvenir.

Tous les secrétaires dînaient ensemble au Cercle : Droutzky, qui remarqua l'air préoccupé de Lynjoice, se mit à le prendre à partie, lui disant qu'il devait être amoureux. On ramassa la balle au bond ; il n'en faut pas tant à de pauvres diplomates. Lynjoice fut à l'unanimité déclaré amoureux. Ses collègues de chancellerie révélèrent qu'un mystérieux billet l'avait enlevé à ses austères devoirs envers la patrie qui le payait, et qu'il était revenu, avec la mine qu'on lui voyait. Le pauvre Lynjoice, qui était timide comme il n'y a qu'un Anglais barbu pour l'être, et qui rougissait comme une fillette, se défendit de toutes ses forces. Ce fut en vain.

— De qui Lynjoice est-il amoureux ?

— Ce doit être de la vieille Teufelsbruck, dit Michel Platoff, la plus méchante langue du corps diplomatique.

— Moi, je parie pour la princesse elle-même.

— Non, ce sera madame de Santa-Pierra.

Toutes les femmes y passèrent.

— Et la belle Olga, nous ne pensions plus à elle ; sûrement Lynjoice est fou de madame Michaïloff.

— Ne serait-ce pas de l'amie d'enfance ? ajouta Platoff.

Droutzky, de Bove et Alvarez se regardèrent.

— Oui, oui, c'est de l'amie d'enfance.

— Messieurs, cette fois l'amie d'enfance de madame Michaïloff n'a pas vingt ans, et il me semble que ce doit être la fille d'une amie d'enfance.

— Lynjoice veut l'enlever.

— Et l'emmener aux Indes.

Il eut beau jurer ne l'avoir jamais envisagée, on décida : 1° qu'il était amoureux; 2° que c'était de mademoiselle Vera.

Lynjoice eut grande envie de ne pas aller chez madame de Santa-Pierra, puis la curiosité l'emporta, et, une rose fraîche à sa boutonnière, il entra. On l'attendait; lui, fit bon front, son binocle dans l'œil gauche, ce qui était son unique originalité; on l'entoura, on le pria d'être calme, on l'assura qu'elle était là, et sans trop savoir comment, il se trouva devant Vera à qui on le nommait; elle leva sur lui un regard approbateur qui semblait dire : Je sais que vous êtes amoureux de moi, et je le veux bien. Puis elle dit quelques mots et le quitta comme on ferait d'une vieille connaissance.

Lynjoice se demanda s'il était épris de cette personne sans l'avoir connue.

— C'est qu'elle a l'air de le croire.

Les collègues vinrent l'assurer qu'il aurait toute liberté pour faire danser Vera; que, du reste, elle lui avait réservé le cotillon.

Madame Michaïloff passait sur ce mot.

— Ah! ce bon Lynjoice danse le cotillon avec ma cousine, comme c'est gentil!

Il n'y avait plus à s'en dédire; Vera arriva et avec ses mines de chatte lui demanda pourquoi il ne faisait pas ses invitations lui-même, et pourquoi il lui avait envoyé demander le cotillon.

— Je ne vous fais pas peur pourtant... faisons-nous un tour de valse?

Lynjoice était moitié désespéré, moitié charmé; il aurait voulu être à mille pieds sous terre, et cependant valser à contre-temps avec tous ces cheveux blonds volant devant ses yeux était agréable. Quand ils s'arrêtèrent, il n'eut pas un mot à dire; mais Vera parla pour deux et l'assura de sa fidélité pour le cotillon.

Madame de Santa-Pierra l'appela du geste.

— Eh bien, voilà mon rêve réalisé; vous êtes amoureux, mon pauvre Lynjoice; je ne vous reconnais plus, vous vous marierez, vous serez heureux, et vous me direz si je lis l'avenir ou non.

Droutzky et les autres s'étaient rapprochés.

— Qui aurait cru que Lynjoice serait sournois à

ce point? Vous étiez charmants, du reste, tous les deux ; vous pouvez vous vanter d'avoir de la chance.

— Mais je vous assure!... protesta Lynjoice...

Puis, en garçon le mieux élevé du monde, il craignit de déprécier Vera.

— Ce n'est pas que mademoiselle Vera ne soit charmante.

— Ah! il veut bien l'avouer!

On guettait les portes, car on craignait un coup de tête, et Lynjoice fut gardé à vue; il cotillonna, soupa, et à trois heures du matin, les collègues voulurent le reconduire chez lui triomphalement. On le quitta en l'assurant qu'il était marié.

III

Le lendemain de grand matin, le valet de pied des Michaïloff sonnait au logis de garçon de Lynjoice et y laissait un billet, sur l'enveloppe duquel se dessinait un fulgurant Olga; cinq minutes après venait une missive identique, cette fois apportée par un valet de la légation de Portugal, puis un pli à l'air sérieux envoyé par Son Excellence le ministre de Russie. Il y avait des réponses, mais *Monsieur* était sorti.

Bien des personnes s'étaient ce matin-là réveillées tout occupées du bon Lynjoice, qui d'habitude ne passionnait pas l'opinion. Madame Michaïloff avait eu un réveil triomphant; c'était un succès, cela la mettrait à la mode, et elle se ferait prêter par le mari une trentaine de mille francs dont elle avait grand besoin. Quant à la blonde Vera, elle souriait depuis plusieurs heures à toutes sortes de pensées qu'elle ne disait point et se mirait avec une infinie complaisance; enfin elle avait été porter elle-même à sa cousine son chocolat du matin, et l'avait adulée de caresses et de flatteries; Droutzky s'était dit que Lynjoice était encore plus facile à mener qu'il ne l'avait cru. Serait-il devenu amoureux à première vue? Cela lui faisait penser que Vera était très-séduisante, et qu'une flirtation aurait été fort agréable sans cette ennuyeuse Olga Michaïloff pour vous traîner à l'autel.

Quant à Glouskine, il était absolument décidé

de mettre en jeu toute sa diplomatie pour contribuer au bonheur de sa jeune compatriote, et de Bove et Alvarez avaient décidément grand'peur pour leurs cent louis.

Tout le monde s'était avant dix heures entendu par lettre, pour être à trois heures chez Glouskine, afin de convenir des tableaux vivants. Madame Michaïloff avait à deux reprises envoyé chez Lynjoice, qui était toujours sorti.

— C'est-à-dire qu'il dort, s'était dit Olga en songeant à son mari, M. Michaïloff, qui se couchait habituellement à six heures du matin, et jusqu'à deux heures de l'après-midi, n'était invariablement sorti dans son lit.

— Il viendra chez Glouskine, on peut être tranquille.

Vera ne disait rien et arriva toute souriante, modeste et blonde, chez le ministre qui les attendait et reçut sa compagnie avec sa courtoisie des bons jours. Madame de Santa-Pierra parlait pour tous; elle embrassa madame Michaïloff, puis Vera, et fit mine de mettre par erreur son bras autour du cou de Glouskine, offrit ses deux mains à ses adorateurs et déclara qu'elle était la personne du monde à qui le bonheur d'autrui faisait le plus de plaisir. Ce bon Lynjoice, cet excellent Lynjoice, pourquoi n'arrivait-il pas?

Quels tableaux ferait-on ?

Madame de Santa-Pierra, qui ne brillait pas par les idées originales, proposa Faust et Marguerite.

Ce fut un cri général.

— Enfin tout ce que vous voudrez, Lynjoice est si beau garçon, on peut l'habiller en ce qu'on veut, et Vera est un amour!

Mais pourquoi Lynjoice n'arrive-t-il pas?

En l'attendant, Vera se promenait à petits pas de long en large à côté de Glouskine; ils regardaient à la fenêtre, puis reprenaient leur promenade à travers les salons sans avoir l'air autrement impatientés.

Au bout d'une demi-heure, madame Michaïloff se déclara cruellement inquiète : les Anglais sont si originaux ! Lynjoice s'est peut-être suicidé. Droutzky s'offrit pour aller vérifier le fait, et partit.

Il fut impossible à Olga de dire une parole; elle était accablée et laissa discuter devant elle la question d'Hamlet et d'Ophélie, d'Esmeralda et de sa chèvre sans y prendre part. De Bove et Alvarez ne lui ménageaient pas les airs triomphants et se disaient persuadés du suicide du malheureux Lynjoice. Vera se tenait à l'écart, toute froide, calme, avec son teint blanc sans une nuance de trouble et le cœur battant à rompre, les détestant tous en ce moment, puisqu'ils étaient témoins de son humiliation. Madame Michaïloff l'admirait et pensait qu'avec une fille de si bon esprit, il n'y avait rien de désespéré.

Droutzky revint. Vera tournait le dos à la porte et ne fit pas un mouvement.

— Eh bien? eh bien? — Il vous suit? — Il vient? — Il est mort? — Il est enlevé? — Il est malade?

Droutzky les regardait avec un désespoir comique, puis après une pause étudiée :

— Il est parti! s'écria-t-il en pouffant de rire.

LA REVANCHE DE VERA

I

La marquise de Santa-Pierra tirait admirablement les cartes, et cette distraction lui était chère ; elle en avait acquis le talent à Florence, d'une bonne comtesse italienne, son intime amie pendant trois ans. Ces dames avaient passé ainsi bien des journées pluvieuses sans en sentir l'ennui, et depuis madame de Santa-Pierra promenait cet art d'agrément dans toutes les capitales de l'Europe où son étoile et les missions de son mari l'envoyaient tour à tour. Toute *ministresse* qu'elle fût, elle ne dédaignait pas de s'humaniser avec les jeunes attachés de sa Légation jusqu'à leur prédire leurs destinées futures en général tendrement amoureuses et triomphantes. Les mauvaises cartes se refusaient obstinément à venir sous les doigts roses de la marquise, et quant à ce qui lui était personnel, elles lui réservaient toutes les surprises heureuses. La marquise de Santa-Pierra était, d'avis unanime, la meilleure personne du monde; on ne lui connaissait qu'une petite faiblesse, celle de se persuader qu'elle inspirait à quatre-vingt-dix-neuf hommes sur cent ce qu'elle qualifiait d'*un petit sentiment.* Elle le demandait fort bien à brûle-pourpoint, et un septuagénaire ministre de Hollande, le personnage le plus flegmatique des Provinces-Unies,

se souvenait de cette question posée en plein dîner diplomatique, comme d'un des cruels moments de sa carrière. Cependant il avait été forcé de confesser le *petit sentiment* qu'on lui demandait, et madame de Santa-Pierra ne manquait jamais, en échange, de lui offrir sa main à baiser, ce qui était la chose du monde qui l'intimidait le plus, l'excellent homme n'ayant jamais pratiqué ce genre de galanterie. Quant aux jeunes gens, ils s'accordaient pour offrir à madame de Santa-Pierra *un petit sentiment* bien tendre, d'autant que cela ne gênait pas les plus sérieux. La marquise aimait fort à parler d'elle-même et de ses affaires de cœur, et sa chère amie madame Michaïloff l'ennuyait souvent, parce qu'ayant précisément la même inclination, ces dames se trouvaient réciproquement être de détestables confidentes, le rôle le plus passif qu'il soit.

La bonne petite Vera Dognieff était au contraire située à souhait pour cela : elle n'avait pas d'intérêt personnel et écoutait mieux que qui ce soit, ce qui lui avait valu d'être élevée au rang d'amie par madame de Santa-Pierra, chez qui elle allait chaque fois que sa cousine Michaïloff n'avait pas besoin d'elle. Quant à madame Michaïloff, elle se félicitait fort de sa bonne action et trouvait qu'après tout il valait mieux que le mariage Lynjoice eût échoué. Vera était si utile, si commode ! Moyennant deux ou trois robes défraîchies et *retapées* par la femme de chambre, elle était toujours là, toujours prête, si bonne enfant. Même Paul Michaïloff la trouvait agréable, car elle faisait très-joliment les cigarettes. Madame Michaïloff, elle, la traitait comme son intime amie et son humble servante, et les deux rôles étaient acceptés de la même façon par Vera, car elle était si bonne fille! A l'occasion elle veillait toute la nuit pour aider la femme de chambre à poser des dentelles sur une robe de bal, mettait au net les comptes de sa cousine, écrivait ses lettres, et faisait prendre patience à Son Excellence, notre vieille connaissance Glouskine, pendant que madame Michaïloff se rhabillait pour la cinquième fois. Tout allait bien depuis la venue de Vera, et sa cousine, qui était superstitieuse, y tenait comme à un fétiche. Elle la marierait certainement, mais plus tard. D'abord personne ne veut d'une fille sans le sou, « car, il faut le dire, cette pauvre Vera ne possède pas un rouble ». Pour une personne aussi durement traitée de la fortune, mademoiselle Dognieff ne manquait pas d'aplomb; elle était fort à l'aise dans le salon de sa cousine, qui ne s'apercevait pas que tout doucement c'était Vera et sa robe fanée qui en faisaient les honneurs, tandis que madame Michaïloff, avec sa robe du bon faiseur, se tenait dans un coin, écoutant des histoires drôles.

Un soir qu'il n'y en avait plus apparemment et que le froid commençait à se faire sentir, Vera demanda à madame de Santa-Pierra de lui montrer son talent et de lui tirer les cartes. Comme la marquise n'était pas trop préoccupée à ce moment-là de ses petits sentiments, elle dit oui, fort volontiers, et s'y prépara avec le plus noble sérieux.

— Tiens, Vera veut se faire tirer les cartes, dit madame Michaïloff à Glouskine avec qui elle causait bas; elle sera gouvernante, la pauvre, un de ces quatre matins.

— *Chi lo sa?* répondit l'Excellence. Et il se leva pour s'approcher de la table devant laquelle madame de Santa-Pierra s'était majestueusement assise.

Comme tous y allaient, madame Michaïloff vint comme les autres, et se plaçant sur un fauteuil bas, sa cigarette aux lèvres :

— Vera chérie, en attendant de devenir impératrice, donne-moi donc du thé.

— Qui sait, ma chère? tu es peut-être destinée à avoir une place à ma cour. Sois tranquille, je n'oublierai pas dans mes grandeurs que j'ai porté tes vieilles robes.

Cela fut dit d'un ton si uni et si sûr que madame Michaïloff en éprouva une sensation extrêmement désagréable; elle n'aimait point, même pour rire, cette perspective de sa cousine lui passant sur le corps.

Vera lui porta sa tasse et lui baisa les bras en riant.

— Tu veux donc que je reste serve toute ma vie?

— Tu es folle, Vera.

Mais madame Michaïloff était mécontente, et son œil froid le disait bien à sa cousine, qui fit mine de ne rien voir. Glouskine lui roula une chaise en face de madame de Santa-Pierra.

— Chère marquise, traitez bien cette jeune personne.

— Ah! Excellence, je voudrais lui prédire un trône, car, voyez-vous, faites le sceptique autant que vous le voudrez, mes cartes sont infaillibles.

— Vous ont-elles dit tous ceux qui vous adorent?

— Certes, et vous n'en êtes pas.

— Qui vous l'assure, madame?

— Voyons, Excellence, ne me troublez pas. Droutzky, ôtez cette lampe de là; elle m'aveugle. Olga chérie, votre éclairage est tout à fait primitif; on a des abat-jour plus mystérieux. Chère petite Vera, souhaitez en votre cœur ce que vous désirez le plus.

— C'est un bon mari, madame ; c'est tout de suite souhaité et dit.

— Cette Vera est absolument cynique, pensa madame Michaïloff; ce genre ne peut pas me convenir.

Glouskine se disait par contre que cette petite fille était fort drôle ; elle l'amusait énormément, et d'autant qu'Olga Michaïloff l'assommait et que madame de Santa-Pierra n'était à ses yeux qu'une aimable sotte.

Madame de Santa-Pierra rangeait les cartes avec une préoccupation émue ; Vera la caressait du regard.

— Vous savez, chère marquise, que jusqu'ici j'ai été fort malheureuse, et je voudrais savoir si je n'ai pas un sort.

Madame de Santa-Pierra retournait toujours ; l'espoir de la diplomatie européenne, attachés, conseillers, ministres, regardaient palpitants d'intérêt. Vera de temps en temps ployait la tête en arrière vers Glouskine, qui était debout derrière sa chaise et lui demandait des yeux ses explications. La marquise était rouge, animée, triomphante ; elle s'amusait comme une reine... — Magnifique..., superbe ! — encore cœur — ah ! cette dame de pique, elle gêne toujours — mais cœur revient. — Vera, vous avez certainement une ennemie.

— Et qui, grand Dieu! à moins que ce ne soit la femme de chambre d'Olga?

— N'importe, il faut vous en défier... je vois là un homme... aimable, riche... oui, très-riche... mais vous avez aussi une amie...

— Tu entends, Olga ?

Madame Michaïloff bâillait.

Madame de Santa-Pierra consultait son tableau et demandait à ces messieurs leur avis : — N'est-ce pas que c'est superbe? Regardez : un, deux, trois, quatre; mais cette dame de pique dont on ne peut se débarrasser, le présent aura des soucis, oui, c'est certain, mais vous triompherez, grâce à un ami. Je vois la richesse, un mariage de cœur, l'ennemie sera vaincue... Pas du tout, Droutzky, vous vous trompez, le moment d'inquiétude est parfaitement indiqué.

— Eh bien! ma chère, dit Olga, tu ne commandes pas ta robe de noce? voilà que Son Excellence a déjà l'air de te tenir la couronne sur la tête.

Et comme Vera remerciait tendrement la marquise, celle-ci lui dit :

— Il ne faut pas me dire merci, je n'y puis rien; demandez à ces messieurs si je n'ai pas prédit des choses étonnantes.

— Comment! mais surprenantes! Voici plusieurs années déjà que notre aimable marquise me menace de l'hymen, s'écria Glouskine.

— Et vous y viendrez, Excellence. Ces cartes le disaient clair comme le jour.

— Oh! madame, dit Glouskine, si tel doit être mon sort, pourquoi est-il criminel de souhaiter la mort de ses collègues?

— Voilà Son Excellence qui a un sentiment pour la marquise.

— Mais, mon cher Droutzky, croyez-vous en avoir le monopole ?

Madame Michaïloff intervint.

— Si les prédictions sont finies, a-t-on le droit de faire un peu de musique ?

— Ce ne sera pas de la musique triomphante, murmura Glouskine à la marquise ; notre Olga n'aime pas le trèfle à quatre feuilles pour ses voisines.

II

Tout le monde parti, il y eut entre les cousines ce qui s'appelle une scène. Olga commença par sermonner vertement Vera sur son genre, sur ses propos, sur son ton.

— Tu deviens inconvenante tout bonnement, ma chère! Si c'est avec ce bagage que tu crois faire fortune, crois-moi, tu te trompes.

— Ma chère amie, j'ai les manières qui me plaisent.

Madame Michaïloff ne pouvait en croire ses oreilles. Comment! cette petite misérable, habillée de ses effets, lui résistait, l'insultait presque!

— Sais-tu que j'ai grande envie de te renvoyer à Moscou?

— Je m'en irai, tu peux le croire, sans que tu me le dises deux fois.

— Tu as une singulière manière de reconnaître les bienfaits.

— Tu oublies que je ne t'ai rien demandé.

Elles étaient toutes deux frémissantes de colère, mais Vera de sang-froid, tandis que madame Michaïloff prenait le parti des attaques de nerfs. Il fallut bien la soigner; sa cousine aida à la porter dans sa chambre, eut pour elle toutes les attentions dont elle avait l'habitude, rassura Paul Michaïloff, qui depuis dix-huit ans ne s'habituait pas aux crises de Madame, et alla se coucher la dernière de la maison. Olga seule fut vite apaisée, se félicita d'avoir eu du caractère, d'avoir maté Vera, et se promit de lui pardonner le lendemain sans se faire trop supplier.

Madame Michaïloff dormit tard et sonna d'une main impatiente.

— Ma cousine ?

— Mademoiselle est sortie ce matin de bonne heure.

— Sortie !

Madame Michaïloff se sentit furieuse derechef.

Sur le même moment on apporta une lettre de chez madame de Santa-Pierra : elle y vit l'écriture de Vera.

« Chère cousine,

« Tu m'as dit de m'en aller hier au soir, et, tu vois, je suis partie sans retard. Je ne vais pas encore jusqu'à Moscou, parce que la bonne marquise de Santa-Pierra me garde quelques semaines. Si tu veux, et pour ne faire de peine à personne, j'y serai d'accord avec toi : une brouille ouverte t'ennuierait plus que moi, j'en suis sûre.

« Toujours ton affectionnée.

« Vera.

« Réponds-moi. »

Madame Michaïloff n'eut pas le temps de s'évanouir; du reste, l'étonnement et la colère lui rendaient ses forces. Sa cousine, qu'elle avait fait venir à ses frais... chez madame de Santa-Pierra... et lui imposer ses conditions !... Elle était aveuglée au point de ne point voir un autre billet de madame de Santa-Pierra :

« Chère amie,

« Prêtez-moi votre Vera quelques jours; c'est convenu, n'est-ce pas ?

« Tendrement.

« Anita. »

Madame Michaïloff envoya chercher Glouskine; il vint exact, empressé. Elle lui raconta l'ingratitude, la noirceur de sa cousine. Il fut froid, donna raison à toutes deux, ce qui, pour une femme, est pire que le lui donner tort.

— Vous irez chez madame de Santa-Pierra, pendant que ce petit serpent y sera?

— Mais, chère amie, je ne puis offenser la femme de mon meilleur collègue; vous avez trop d'esprit pour n'y pas venir aussi.

— Moi, jamais!

— Vous avez tort.

Sur ce mot, madame Michaïloff éclata en sanglots; elle était méconnue, abandonnée, elle si bonne, elle qui avait chéri sa cousine.

—Vous avez été témoin de mes efforts pour la marier, mais elle ne se mariera jamais; ce sera ma vengeance.

Glouskine eut à subir un orage qui dura deux heures, et pendant lequel lui, qui se piquait d'être impassible, frisa la mauvaise humeur. — On n'est pas plus assommante.

Ce fut sa réflexion en passant la porte.

Vera avait prévenu sa cousine, et Glouskine savait depuis dix heures la brouillerie; il se flattait à part lui d'en être la cause, et cela variait la monotonie de Tenheiffen... On y parla ce jour-là uniquement des faits et gestes de mademoiselle Dognieff. Il y avait deux partis, mais celui d'Olga était faible, tandis que protéger une pauvre petite sans défense, cela paraissait charmant à tout le monde. Madame de Santa-Pierra eut quinze visites, prit les airs les plus mystérieux, et après avoir été forcée d'avouer plusieurs fois dans la journée que madame Michaïloff avait un caractère impossible, elle lui écrivit le soir un petit billet bien tendre pour la supplier de ne rien prendre en mauvaise part de sa meilleure amie. Ce fut Vera qui dicta la lettre, et Glouskine la trouva bien tournée : il put l'apprécier, l'ayant lue deux fois.

III

Madame Michaïloff faisait bonne mine à Glouskine, mais lui en voulait à mort d'aller chez la marquise.

On se vit au théâtre, Glouskine ayant persuadé à madame Michaïloff qu'en restant chez elle, elle ferait une sotte figure; elle alla donc à l'avant-scène du Thalia, accompagnée de Son Excellence. La marquise et Vera étaient en face. Vera avait une

robe neuve. Madame Michaïloff connaissait toutes les toilettes de la marquise, il n'y avait pas à s'y tromper. Le spectacle ne fut pas agréable pour madame Michaïloff, et le lendemain matin elle fut doucement surprise quand on vint lui dire que mademoiselle Dognieff était au salon. Elle entra hautaine.

Vera se leva et lui baisa la main en riant.

— Je viens te demander pardon et faire la paix.

— Ma chère, je te remercie, et te laisse à ta conscience. Pour combien de temps es-tu installée chez les Santa-Pierra ?

— Eh ! je ne m'en vais pas encore, et si tu le veux, je viendrai te voir souvent.

— On t'habille, je vois ?

— C'est de ma robe d'hier que tu me parles ? Oui, c'est un cadeau de la marquise.

L'entrevue fut aigre-douce. Madame Michaïloff triomphait. — Elle se ménage un abri, on aura assez d'elle là-bas; et, comme, au fond, voir revenir Vera lui convenait parfaitement, pour s'en donner honorablement la possibilité, elle fit ce jour-là à Glouskine une sorte de demi-éloge de sa cousine.

— Je suis aise de vous voir plus juste, elle est tout cela et plus encore.

Pour le coup, madame Michaïloff regretta du fond de l'âme de n'avoir point laissé Vera et ses qualités se faire valoir à Moscou; elle le dit à son mari, qui la consola en vantant les mérites de Vera, ajoutant qu'elle au moins rendait la maison possible.

— Tu verras, elle se mariera parfaitement.

— Je ne le crois pas.

— J'ai mon idée, et je serai surpris si je me trompe.

Madame Michaïloff ne daigna pas répondre.

IV

*Madame Michaïloff à madame la comtesse
Alexandrine de T...*

« Chère Alex,

« Comme tu avais raison de me dire, l'année passée, de me méfier de tous les Dognieff! Tu sais que j'avais eu la faiblesse de faire venir la petite Vera ici; c'est un serpent, ma chère, une intrigante; je ne sais quel genre de femme ce sera. Elle a été affreuse à mon égard; son genre était si impossible que, malgré toute mon indulgence, j'avais été forcée de le lui dire; elle m'a immédiatement répondu avec la dernière insolence, et, le lendemain, a été s'imposer chez des amis à moi qui l'ont accueillie par pitié. Du reste, à cause de Paul, je n'aurais pu garder chez moi une fille d'une telle allure; mais ses intrigues ont réussi à lui trouver un mari, ce qui était, du reste, l'unique chose qu'elle souhaitât. Et devine, ma chère, qui s'est laissé prendre aux filets de cette petite. Tout bonnement Glouskine, Son Excellence en personne. Oui, et elle a eu l'aplomb de m'annoncer son mariage, me rappelant une sotte soirée où elle s'était fait tirer les cartes et où le valet de cœur lui avait été très-favorable, et elle m'a même demandé si je voulais que la noce se fît chez moi. J'étais outrée, mais j'ai eu le courage de lui dire son fait. Comme tu penses, je ne resterai pas ici pour voir les airs et les insolences de cette Vera qui était trop heureuse, il y a trois mois, de porter mes vieilles robes. Je pars pour Vienne rejoindre madame Papadoff qui m'attend, et nous irons ensemble à Bade. Je suis décidée à ne pas revenir à Tenheiffen, et comme le prince sera là-bas, je pourrai obtenir un autre poste pour Paul, quoique lui trouverait charmant de rester ici. Ma chère, les désillusions de la vie sont affreuses; je croyais que cette petite m'était dévouée, et je l'aurais reprise, si elle l'avait voulu.

« Toujours ton

« Olga. »

LE RETOUR

..... S. Exc. M. Serge de Glouskine, ministre de S. M. l'Empereur de toutes les Russies, déjoua toutes les curiosités de la façon la plus cruelle, et au moment même où S. A. R. la Grande-Duchesse elle-même se préparait à faire annoncer sa présence certaine à son mariage, elle apprit qu'il aurait lieu à Francfort, la ville des incognitos pour toute l'Allemagne; le ministre demanda un congé, et la future ministresse, mademoiselle Vera Dognieff, reçut de Moscou une tante des plus présentables, expédiée pour la circonstance.

Madame Olga Michaïloff ne manqua pas de s'exclamer sur l'inconvenance de tous ces procédés, et même la bonne madame de Santa-Pierra, quoique fort occupée d'un petit sentiment qu'elle se flattait avoir inspiré au Grand-Duc, en fut un peu désappointée. Au contraire, tous ces messieurs, qui étaient ouvertement rangés du côté de la blonde Vera, répétèrent à l'envi qu'elle prouvait par là être fille d'esprit, et qu'on pouvait en attendre de grandes choses.

Les mariés revinrent au bout de trois semaines, jour pour jour. La Grande-Duchesse sut à son lever que madame de Glouskine était débarquée la veille à onze heures, en robe de crêpe de Chine gris à longue traîne, et en manteau de velours grenat; qu'elle avait une femme de chambre française et un *pug* de la plus pure espèce.

Son Altesse Royale, qui ne voyageait jamais qu'en petite robe de laine, et un voile bleu sur le chapeau, jugea sévèrement une pareille tenue; de plus, comme elle possédait un griffon affligé du plus désolant embonpoint, le pug de la jeune ministresse ne fut pas ménagé.

Madame Olga Michaïloff, qui depuis deux mois partait tous les jours, était encore à Tenheiffen, et envoya de bon matin sa femme de chambre prendre des nouvelles de sa cousine et savoir si elle serait visible ce jour-là.

Madame de Santa-Pierra, avec une curiosité plus franche, débarqua à une heure à la porte de la légation, sut que *Son Excellence* recevait, et se trouva en face d'une Vera si élégante et si charmante qu'elle en demeura presque surprise, et pensa à part elle que ces messieurs avaient raison, et que décidément cette fille était jolie.

La nouvelle madame Glouskine était habillée de noir, le corsage le plus uni, et sur sa longue traîne une foule de franges longues et molles, deux perles aux oreilles et un seul saphir au doigt;

pas d'alliance, Vera trouvant cela du dernier bourgeois. Le ministre était à sa chancellerie, le pug installé sur le pied de la chaise longue, et Vera, ministresse de la tête aux pieds ; elle reçut madame

de Santa-Pierra en égale, avec la légère nuance qui distingue l'empire de toutes les Russies du petit royaume de Portugal, ne dit pas un mot de son mariage, ne parut pas entendre quand madame de Santa-Pierra lui fit compliment de ses magnifiques boutons de perle, et laissa tomber d'une manière générale qu'elle comptait être chez elle tous les soirs de dix heures à minuit.

Pendant que la pauvre marquise cherchait une contenance, car elle avait tellement *protégé* mademoiselle Vera Dognieff qu'elle ne savait plus quel ton prendre vis-à-vis de madame de Glouskine, on apporta une corbeille de roses de la part de Son Excellence.

Vera, tout en les arrangeant dans les vases, critiquait l'arrangement de son salon et finit en disant : Je changerai tout cela cet hiver.

Madame de Santa-Pierra, en sortant de la légation de Russie, alla droit chez madame Olga Michaïloff. De Bove y était avec Droutzky; ils s'amusaient, et assez méchamment, de la figure de la pauvre Olga, qui n'avait pas la force de cacher son dépit. Elle venait de leur faire lire les lettres que lui avait écrites Vera six mois auparavant; de Bove lui demandait celles de Glouskine. Elle jurait n'en avoir jamais reçu, et qu'elle n'était outrée que de l'ingratitude de sa cousine, qui lui devait son bonheur et ne lui avait pas donné signe de vie depuis le mariage.

Quand madame de Santa-Pierra eut dit d'où elle

venait, ce fut un ensemble : « Eh bien! comment est-elle? que dit-elle? Et lui, l'avez-vous vu? » C'était Olga qui demandait cela.

Madame de Santa-Pierra soulagea son cœur :

— Croiriez-vous que cette petite, qui me baisait la main tous les matins, ne m'a pas seulement embrassée? La Grande-Duchesse est moins fière. Elle a un aplomb formidable. Je pense qu'elle s'imagine destinée à tenir le haut du pavé ici; mais je vais le dire franchement au marquis, je ne veux pas lui céder le pas.

— Chère marquise, Glouskine est absolument le doyen du corps diplomatique.

— De Bove, vous m'ennuyez. Est-ce qu'elle est doyenne, cette petite? Je dois encore à mon maître d'hôtel la note de ses fiacres; j'ai grande envie de la lui envoyer.

— Voyons, mesdames, puisqu'il y a une madame de Glouskine, résignez-vous à vivre en paix avec elle.

— Quand je l'ai comblée de bontés!...

— Et moi qui lui ai donné une robe de Worth presque neuve!...

Cette robe était pour Olga Michaïloff l'objet d'amers regrets.

— Il est vrai qu'elle est impardonnable d'avoir épousé Glouskine.

— De Bove, vous faites exprès de ne pas comprendre.

Ces messieurs, là-dessus, s'en allèrent, laissant madame Michaïloff et la marquise les plus intimes dévouées amies, toutes deux bien résolues à faire front de toutes leurs forces à l'envahissement d'une petite intrigante.

— Une parvenue, ma chère !
— Que je ramassais par pitié.

Pendant ce temps, la blonde ministresse donnait à Droutzky et à de Bove ses belles mains à baiser, leur permettait la cigarette et autorisait Droutzky à entreprendre l'éducation du pug *Florimond,* qui devait, dans un mois, savoir présenter les armes; de sa cousine et de madame de Santa-Pierra pas un mot.

A trois heures, on annonça la voiture; Son Excellence attendait en bas; Droutzky eut l'honneur de mettre la ministresse en calèche, et elle leur fit un salut de l'air d'une impératrice.

De Bove et Droutzky furent d'avis que la physionomie de Tenheiffen était, de ce jour-là, totalement changée, et, en bonne charité, ils allèrent faire une tournée chez les collègues, les faisant enrager par le récit de la beauté, des charmes, des toilettes de Vera. Toutes les légations allèrent chez elle en masse dès le soir; la porte était ouverte, le

samovar brûlant, et le ministre faisait son whist avec ses deux collègues habituels; il n'y avait de changé que la présence de Vera, et ce changement était considérable. Du reste, tous deux l'air rassis de vieux époux, avec une nuance imperceptible de coquetterie d'un côté, de galanterie de l'autre; tous les hommes furent d'accord, la mise en scène était parfaite. A onze heures passées, Vera au milieu de sa cour, Glouskine à son troisième rubber, madame Olga Michaïloff tomba comme un aérolithe.

— Chère, tu aurais pu me faire dire que tu recevais. C'est en revenant du Thalia que j'ai vu des lumières chez toi. Je meurs de t'embrasser. Bonsoir, Excellence. Plus charmant que jamais. Vous voyez que je viens rendre mes devoirs à ma *cheffesse*.

— Chère madame Michaïloff, je ne doutais pas de votre bon esprit.

La pauvre madame Michaïloff n'eut pas le bon esprit d'accepter paisiblement un si brusque tour dans la roue de la fortune. Voir Vera dame et maîtresse chez Glouskine, régner de plein droit là où elle avait été charmée de régner par intérim, c'était trop pour elle, et, après quelques banalités, elle fut assez sotte pour se laisser aller à dire :

— Vera chérie, tu dois croire rêver !

— Mais non, ma chère, c'est toi qui es mal éveillée.

Glouskine, qui avait entendu, acheva la confusion de madame Michaïloff :

— Chère Olga, il faut venir souvent chez nous le soir; ma femme y sera tous les jours à ces heures-ci, et dites donc à Michaïloff qu'il vienne faire mon whist.

Olga comprit que sa maison à elle était désormais déserte, et sa colère lui fit dire une seconde sottise :

— Quelle toilette, ma chère Vera ! Cela doit bien te faire mépriser les petites robes que je te donnais.

— Mais non, Olga chérie; seulement si tu les regrettes, nous pouvons en faire le compte.

Après cela, il n'y avait plus qu'à se dire bonsoir, et madame Michaïloff ne fut pas longue à découvrir qu'elle était fatiguée, et le ministre lui fit très-courtoisement les honneurs jusqu'à sa voiture. Tous les secrétaires et attachés étaient littéralement aux pieds de la jeune ministresse; elle avait été hautaine et impertinente avec cette grâce que les Slaves seules savent y mettre, et l'on ne pouvait vraiment se défendre de l'adorer. On entoura le ministre pour lui dire qu'il avait la femme la plus charmante, la plus spirituelle du monde.

A une heure, madame de Glouskine les mit tous à la porte; on délibéra cinq minutes sur l'opportunité de lui offrir une sérénade, et, finalement, on alla au cercle.

Restés seuls, Glouskine baisait le beau bras de sa femme.

— Douchinka, vous êtes absolument parfaite.

Vera, pour le remercier, embrassa le pug *Florimond*.

LA MAZOURKE

DE SON EXCELLENCE

I

Après un été passé en Norvége à la recherche des introuvables saumons scandinaves, Vancouver Lynjoice, premier secrétaire de la légation de Sa Majesté Britannique, revenait à Tenheiffen (Allemagne orientale), sa résidence actuelle. En route, il pensait avec plaisir à sa Chancellerie, à son petit appartement du Ganzemarkt, à sa propriétaire éminemment respectable et aux collègues qu'on retrouvait au Cercle tous les soirs, dans le même salon vert.

Aussi, une heure à peine après son retour, Lynjoice faisait-il son entrée à ce bienheureux Cercle, cravaté de blanc, avec cet aspect savonné des fils d'Albion, les cheveux et la barbe d'un luisant admirable, le monocle dans l'œil gauche, un air beau garçon et une rose trop épanouie au revers de son habit. — Toute la diplomatie de Tenheiffen était à son poste; Michel Platoff se balançait dans le meilleur fauteuil, et d'un œil fixe et rêveur suivait la fumée de sa cigarette; Droutzky, le bel attaché militaire autrichien, était adossé à la cheminée, et le grand Hollandais, Van Beck, lisait son interminable *Gazette;* M. de Bove, qui représentait la France, s'évertuait à accomplir des prodiges d'équilibre sur une chaise qu'il faisait pirouetter tantôt sur un pied, tantôt sur un autre, toujours lui dessus.

A la vue de Lynjoice, ce fut une exclamation, on l'attendait; il n'amusait personne, mais on ne l'avait pas vu depuis trois mois, ce qui est précieux entre gens qui se rencontrent tous les jours.

— Salut, Lynjoice, commença Michel Platoff, la bonne langue du corps diplomatique, et qui parlait toujours le premier, plus beau que jamais, *dear boy*.

— Le fait est, dit Droutzky, que lorsqu'on n'a pas vu cet excellent Vancouver depuis quelque temps, il éblouit.

— La Norvége doit verser bien des pleurs, continua de Bove; nous savons ce qui se passe à Tenheiffen, et j'ai eu journellement l'occasion de constater le dépérissement de la propriétaire de notre cher ami : encore un mois, elle devenait plus maigre que le géranium qu'elle époussette avec tant de soin.

— Ma propriétaire, mon cher de Bove, mais c'est une personne on ne peut plus respectable.

— Certainement, dit de Bove, on ne peut plus respectable...

— De Bove, dit Platoff, laissez la propriétaire et le géranium; Lynjoice en a à d'autres cœurs, et nous savons bien que la pauvre petite Vera Dognieff... A propos, Lynjoice, vous savez qu'elle est maintenant madame de Glouskine..., la plus belle femme de Tenheiffen.

— Un prodige, souligna Droutzky.

— Une merveille de goût, dit de Bove.

— Ministresse de toutes les Russies et plénipotentiaire dans l'âme.

— Elle sera ambassadrice.

— Et vous l'avez dédaignée, Lynjoice; car elle était amoureuse de vous, elle voulait vous épouser, heureux mortel.

Lynjoice, charmé, se défendait de bonne foi.

— Mais non, disait-il, du temps où elle était chez sa cousine Michaïloff, nous avons causé ensemble, voilà tout. Je suis charmé de son mariage, charmé; mais je n'aurais pas cru que M. de Glouskine, à son âge...

— Ah! certes, mon cher, et l'histoire ne dit pas si la blonde Vera a eu des regrets, mais une légation, *dear boy*, et un certain nombre de roubles très-assurés, cela console. Du reste, c'est un ménage modèle, Monsieur, Madame et *Florimond; Florimond*, c'est le chien dont Droutzky a entrepris l'éducation. Ah! nous sommes bien heureux à Tenheiffen maintenant; les mœurs de l'âge d'or, une seule famille, c'est patriarcal; moi, je me consacre au samovar et je roule les cigarettes; de Bove dit son avis sur les toilettes; il a même l'honneur d'écrire aux fournisseurs de Paris, et découpe dans les journaux les articles consacrés au charme, à l'élégance de madame la ministresse. Il vous faut un rôle, mon cher Lynjoice. A quoi allons-nous occuper ce Lynjoice?

— Lynjoice sera amoureux, dit de Bove; il doit bien cela à madame Vera ; seulement nous ne parlerons pas de la respectable propriétaire.

— De Bove, je vais déménager si vous continuez cette plaisanterie.

— Non, Lynjoice, non, vous n'aurez pas cette cruauté, et madame de Glouskine ignorera toujours les sentiments de cette admirable personne.

— Menons Lynjoice avec nous ce soir, dit Platoff; à dix heures, nous allons présenter nos hommages à ma cheffesse, et vous viendrez avec nous, mon cher.

— Si vous pensez qu'il n'y a pas d'indiscrétion...

Il résista cinq minutes, se laissa persuader, et entra triomphalement dans le salon de madame de Glouskine, sur les pas de de Bove, qui, en qualité de Français et de bavard, devait faire l'orateur.

La ministresse, étendue sur sa chaise longue, *Florimond* à ses pieds, une cigarette entre les lèvres, habillée de noir, un fichu de chenillé de même nuance sur ses cheveux blonds, attendait sa cour; à l'autre bout du salon, le ministre faisait son invariable whist, et dans l'embrasure des rideaux, la table à thé et le samovar étaient dressés. Tous entraient en habitués; de Bove prit Lynjoice par le bras, l'amena près de madame de Glouskine et commença :

— Très-chère madame, nous nous sommes permis d'autoriser Lynjoice à venir vous présenter ce soir ses hommages.

Madame de Glouskine ôta sa cigarette de sa bouche, repoussa légèrement *Florimond* du bout de son soulier, et regardant Lynjoice bien en face :

— Retour de...?

— J'ai été en Norwége.

— Ah! tant pis ou tant mieux... Bonsoir, Platoff... Droutzky, vous savez que *Florimond* mord Son Excellence; ce sont d'affreuses manières... De Bove, mon cher, j'ai reçu des échantillons ravissants... Mon Dieu, monsieur Lynjoice, vous pouvez vous asseoir...

Lynjoice se tenait droit devant la jeune femme, regardant les autres baiser la belle main qu'elle leur offrait à leur tour. Comme il était à la fois très-timide et très-hardi, le beau Lynjoice, que madame de Glouskine lui parut ravissante, qu'il lui sembla qu'elle le regardait avec bonté, et que depuis une heure il était persuadé qu'elle avait été éprise de lui; il s'avança le dernier, mit un genou à terre et posa ses lèvres sur la belle main qui caressait *Florimond*.

En entendant les rires, Son Excellence leva les yeux de dessus ses cartes.

— Qu'est-ce qu'il y a ?

— C'est Lynjoice qui est d'un galant...

— Mais il a raison, répondit M. de Glouskine en continuant attentivement son jeu; Lynjoice ne peut, à mon avis, mieux placer ses hommages.

La soirée fut charmante pour l'heureux secrétaire : on lui cédait la place la plus proche de la chaise longue de madame de Glouskine ; le ministre lui-même fut gracieux, et Lynjoice, qui, dans le fond du cœur, avait toujours redouté ses moqueries de bon ton, le trouva aimable d'autant qu'il lui parut extrêmement usé et cassé. Madame de Glouskine les regardait l'un à côté de l'autre, son mari avec sa grande taille un peu voûtée, son teint pâle, et sous sa moustache rousse un sourire moqueur et hautain, pendant que de sa main blanche, d'un air de maître, il taquinait les oreilles de *Florimond,* qui grognait de plaisir. Lynjoice, avec sa figure ouverte, ses grands yeux bleu clair, sa forte carrure, son teint hâlé, formait un parfait contraste. Les regardant ainsi, Vera de Glouskine pensait, et, tout en songeant, elle mordit si fort un de ses ongles roses qu'il se brisa ; M. de Glouskine se leva aussitôt, alla chercher des ciseaux et pria Lynjoice de lui tenir la lampe, pendant qu'il taillait et limait ce pauvre ongle ; il finit en le baisant si tendrement que Lynjoice s'en alla amoureux fou, et haïssant le ministre de toutes les Russies.

II

En très-peu de temps, Lynjoice devint l'homme le plus heureux de Tenheiffen ; il faisait ouvertement la cour à madame de Glouskine, et elle l'accueillait avec bonté. Cela lui composait toute une position sociale ; quand il arrivait à cinq heures au thé de madame Olga Michaïloff, où se racontaient, se commentaient, s'inventaient toutes les histoires de Tenheiffen, il avait distinctement la perception qu'on disait en le voyant : « Ah ! voilà le *beau* Lynjoice ; vous savez, il fait la cour à madame de Glouskine. » Aussi il s'approchait d'un air aimable et triomphant, et quand madame Michaïloff disait avec son accent slave qui martelait chaque mot : « Voilà Lynjoice qui m'apporte des nouvelles de ma *cheffesse* », il était incroyablement satisfait, et madame Michaïloff, avec sa bonté habituelle, ajoutait : « Ces messieurs peuvent nous tenir au courant de ce qui se passe à la Légation, mais c'est à notre bon Lynjoice qu'il faut s'adresser pour avoir des nouvelles de Madame. » Ce petit cancan était une joie pour ce cercle désœuvré. Madame Michaïloff, en qualité de cousine et ennemie intime de madame de Glouskine, courait chez sa bonne chère collègue, la marquise de Santa-Pierra, pour lui raconter le dernier propos qui avait été dit, qu'on avait entendu et qu'elle avait su.

En présence de madame de Glouskine, on se taisait, car elle avait une façon à elle d'arrêter les taquineries et les réflexions : « Madame Michaïloff l'aimait de tout son cœur, sa Vera chérie, sa bonne cousine, toujours belle, toujours séduisante, la perle et le modèle des femmes. » Madame de Santa-Pierra était en relations charmantes avec la légation de Russie, et Michel Platoff, qui ne manquait pas l'occasion de placer une méchanceté, le très-humble et obéissant serviteur de madame de Glouskine. Lynjoice avait beau mettre quatre bouquets par jour à sa boutonnière, envoyer à madame de Glouskine toutes les fleurs de Tenheiffen, Michel Platoff n'avait pas le droit de sourire. Madame de Glouskine accueillait tout avec un air de reine; Son Excellence avait de loin un ricanement protecteur pour les airs passionnés de Lynjoice, et *Florimond* le traitait avec un dédain marqué, réservant ses amabilités pour Droutzky et ses servilités pour Platoff, dont la pauvre bête craignait instinctivement le regard.

Lynjoice ne caressait plus qu'un rêve : faire

accepter à madame de Glouskine quelque hommage public, qu'elle n'eût agréé encore de personne; elle avait monté à cheval avec Droutzky,

qui, avec son *chic* d'officier autrichien, valait bien le meilleur cavalier anglais; de Bove avait eu trois ou quatre fois l'honneur de mettre sa voiture à sa disposition; le matin, on la rencontrait courant les boutiques de curiosités avec Platoff; enfin Lynjoice eut l'idée de lui offrir un souper. Quel orgueil, quel succès, quel triomphe, s'il le faisait accepter!... La fière madame de Glouskine s'asseyant à sa table!

Et tous ces messieurs conviés à en être témoins, et de bonnes petites langues, comme madame Michaïloff, pour en parler le lendemain et l'apprendre à toute la ville ! Il ne s'agirait pas, bien entendu, de recevoir madame de Glouskine dans le petit appartement du Ganzemarkt, ni de lui faire manger la cuisine de la respectable propriétaire ; mais Tenheiffen a son cabaret à la mode, et *Victor* peut offrir des cabinets particuliers, tout comme le café Anglais ; c'est là que les princes en voyage et les diplomatesses qui s'ennuient vont souper après le théâtre et manger des huîtres célèbres ; c'est là que Lynjoice rêvait de fêter *l'objet de sa flamme*.

Après avoir délibéré pendant plusieurs jours comment aborder cette grande question, et être resté devant madame de Glouskine dans une contemplation muette qui amenait sur les lèvres du ministre un sourire de parfaite pitié, l'amoureux secrétaire prit le parti d'aller droit au but et de présenter carrément sa requête. Madame de Glouskine ouvrit d'abord des yeux assez étonnés, jeta sa cigarette au leu, se leva, s'approcha de son mari, le regarda et ui dit :

— Est-ce que vous permettez ?

— Certainement, ma chère, si vous le désirez.

Elle se retourna vers Lynjoice :

— C'est convenu, alors, vous m'offrez un souper chez Victor. Quand sera-ce? Je pense que vous allez être magnifique, n'est-ce pas, Lynjoice?

Il était rouge de satisfaction; Platoff avait l'air impertinent, Droutzky faisait tenir un morceau de sucre sur le nez de *Florimond,* de Bove examinait les pointes de ses souliers avec une attention soutenue; madame de Glouskine les réunit dans un signe de tête.

— Nous souperons donc chez Victor, messieurs. C'était mon rêve.

C'était son rêve ! — Lynjoice n'y voyait plus clair; il faillit mettre son monocle dans l'œil droit.

— Vous inviterez ma cousine, Lynjoice, et notre chère marquise, et la petite Van Beck, si un de ses enfants n'a pas la coqueluche; à trois heures, nous danserons une mazourke effrénée; savez-vous la mazourke, Lynjoice?

Il avoua que non.

— Eh bien ! mais il faut l'apprendre, je la danserai avec vous. Allons, Droutzky, levez-vous; —Platoff,—quelques accords, nous allons donner une première leçon à Lynjoice.

L'élégant attaché militaire frappa nettement les

deux talons de ses bottes, prit la main de madame de Glouskine qui maintenait de ses lèvres serrées son inséparable cigarette, levant la tête, cambrant sa fine taille, et aux premières notes de la musique s'élança de ce mouvement hardi et léger qui est la grâce de la mazourke; ils traversèrent le salon en quelques pas, revinrent, elle se balançant comme un cygne qui rase l'eau, et le couple s'arrêta devant Lynjoice.

— Compris ? dit-elle; et sans attendre de réponse : Assez, Platoff, fermez le piano.

Le lendemain matin, le maître de ballet du grand

théâtre était appelé chez Lynjoice, et la respectable propriétaire, en entendant des tapements de talon et des glissades prolongées, concevait les craintes les plus poignantes, d'abord pour la raison de son locataire, ensuite pour la solidité de son plafond. Tous les matins, à sept heures, l'exercice recommençait, malgré les représentations qu'elle s'était permis de faire. Tous les soirs, madame de Glouskine demandait à Lynjoice des nouvelles de ses progrès, car il n'avait pas su lui cacher le secret de ses efforts. Enfin, on fixa la date du souper. Madame Michaïloff promit de n'y pas manquer, la marquise de Santa-Pierra en fit autant, et l'on put presque arracher à la modèle des jeunes mamans du corps diplomatique, que tous les babys se porteraient bien pour l'occasion. A Tenheiffen, on ne parlait que du fameux souper : — on racontait que Lynjoice ordonnait les plus extravagantes folies, qu'il faisait venir les fraises et les fleurs les plus rares, que Victor avait ordre de remettre à neuf son plus beau salon, et à cela s'ajoutaient les bonnes méchancetés qui en faisaient le sel.

Mais là n'était pas la préoccupation de l'heureux Lynjoice; il ne pensait qu'à une chose : saurait-il danser la mazourke? Et il en voulait à mort au pauvre Droutzky, à qui cela semblait aussi naturel que de marcher.

III

Au jour convenu, et malgré une neige très-épaisse, madame de Glouskine endossa sa grande pelisse et partit avec Son Excellence. Il y avait chez Victor un luxe inusité de lumières, et les deux plus jolies bouquetières du théâtre, en jupe courte, bas

carmin, corselet serré et grand chapeau sur leur serre-tête, se tenaient à la porte. Madame de Glouskine passa vivement, monta le très-étroit escalier, et fut reçue sur la dernière marche par

Lynjoice rayonnant, ayant à la boutonnière le plus épanoui gardenia, et à la main une touffe de roses qu'il offrit en remerciant de l'honneur qu'on lui faisait.

Elle accepta les fleurs avec un sourire, prit le bras qu'il lui offrait, et entra, toute charmante et fière dans sa robe blanche à traîne immense, ses cheveux blonds retombant en fines boucles jusqu'à sa taille et s'élevant, légers et frisés, au-dessus du front; pâle comme à son habitude, et ses yeux couleur d'acier, brillant aux lumières comme une lame polie. Madame Michaïloff se précipita à sa rencontre, embrassa, en se jouant, le bras de sa cousine, et lui murmura :

— Vous êtes charmants.

— Absolument, ma chère; on peut même le dire tout haut : Lynjoice, nous sommes charmants.

Son Excellence s'adossa à la cheminée et se mit à parler politique avec le grand Van Beck.

A minuit, on soupa. Lynjoice ne contenait plus sa joie orgueilleuse; madame Michaïloff échangeait avec Michel Platoff un dialogue où ni l'un ni l'autre ne s'épargnaient. Madame de Glouskine était en veine, et Glouskine usait de la plus fine pointe de son esprit.

Enfin, à trois heures, on avait débarrassé la grande table, et madame de Glouskine, s'élançant toute seule d'une glissade triomphante, avait déclaré le parquet à souhait.

Lynjoice commençait à être moins triomphant; il avait chaud, il avait froid, en songeant à l'horreur de traverser cette grande pièce dans toute sa longueur, et cela en exécutant des pas dont la seule pensée le faisait trembler; et cependant il n'y avait pas à se dédire : madame de Glouskine l'attendait, l'appelant du plus séduisant regard.

— Eh bien, Lynjoice, eh bien! et notre mazourke? Pourquoi votre esclave ne frappe-t-il pas les premiers accords?

Il fallait s'exécuter. Le malheureux Lynjoice commanda d'abord la musique. Droutzky et madame Michaïloff partirent en aparté; mais Son Excellence réclama l'ordre; on se mit en rang, et Lynjoice se vit avec horreur en tête de tous les couples. Madame de Glouskine, tout impatiente, tenait un peu serrée la main de son danseur, et, au moment voulu, partit comme un sylphe.

— Un, deux, — un... deux — se disait le pauvre Lynjoice, appelant à son aide toutes les leçons de son maître de danse; il allait tant bien que mal, écoutant derrière lui le bruit des talons de Droutzky et voyant passer devant les glaces la grande taille de Glouskine qui, vu l'occasion, menait la marquise de Santa-Pierra et dansait encore mieux que Droutzky, et cette malheureuse musique faisait un tapage infernal; on pressait le pas, il fallait s'élancer pour suivre le rhythme précipité; madame de Glouskine, qui semblait courir, tout d'un coup prit un élan soudain, traversa comme un rayon la

pièce entière, entraînant Lynjoice, qui, s'embrouillant, perdant pied, donna à faux un malheureux coup de talon et tomba sur le dos de la plus lourde façon! Ce fut un cri d'abord..... puis des rires étouffés avec l'aimable cruauté qu'excitent ces sortes d'aventures. Madame de Glouskine ne s'était pas arrêtée; elle avait fait encore deux pas en avant, toute seule, puis s'était retournée et regardait le malheureux Lynjoice se relevant, à la fois blême et cramoisi, tout son habit couvert de poussière et boitant piteusement.

— Mon cher, vous êtes trop maladroit.

Le pauvre garçon reçut le mot en plein visage; il voulut balbutier, s'excuser, implorer le pardon de sa danseuse : elle ne le regardait plus; sur un signe d'elle, la musique avait repris, et elle lui cria du bout de la salle :

— Vous pouvez nous regarder, Lynjoice; cela servira mieux que les leçons qui troublent tant votre respectable propriétaire !

Le pauvre Lynjoice ! Il regardait Platoff avec furie, Droutzky avec haine, et Glouskine avec une jalousie forcenée, et à tous il montrait le sourire forcé et bête d'un homme qui se sent si ridicule.

La mazourke avait recommencé. Madame de Glouskine donnait la main à son mari, légère, heureuse, insolente : elle passa devant son amoureux, et entre ses petites dents serrées lui lança :

— Vous voyez, Lynjoice, deux tourtereaux.

Lynjoice passa la journée du lendemain à hésiter entre plusieurs partis : ou égorger son maître de danse, ou se suicider, ou partir pour l'intérieur de l'Afrique, ou aller à dix heures chez madame de Glouskine. Il s'arrêta à cette dernière résolution.

Hélas! Son Excellence avait la migraine.

L'AUDIENCE PARTICULIÈRE

... Vu les égards dus à la personne et à la position exceptionnelle du ministre de Russie à Tenheiffen, le Grand-Duc lui-même suggéra à la princesse qu'il serait bon qu'elle reçût madame de Glouskine sans délai inutile.— Son Altesse Royale y avait bien quelque répugnance; elle avait su par sa grande maîtresse, qui l'avait appris de sa femme de chambre, qui le tenait de la « Mademoiselle » de madame de Santa-Pierra, les toilettes étonnantes rapportées par la jeune ministresse. C'était une première mauvaise note. D'un autre côté, madame Olga Michaïloff se plaignait très-haut du dédain de sa cousine, et quoique la Grande-Duchesse n'eût aucune partialité pour la triste Olga, elle voulait bien en cette occasion la traiter avec égards. De plus, le mariage de Glouskine dérangeait les habitudes de la princesse. Depuis quinze ans, elle était accoutumée à voir entrer Glouskine seul, et il lui était extrêmement commode; quand elle ne savait que dire à son cercle, elle n'avait qu'à lui adresser la parole pour que tout de suite il trouvât quelque phrase bien longue et bien respectueuse qui donnât à la Grande-Duchesse le temps de découvrir une idée. — Glouskine était de fondation à la cour; jamais la Grande-Duchesse ne manquait de le prier aux fêtes intimes qu'elle donnait à Friedrichsgluck les jours anniversaires de la naissance de son illustre époux et des princes et princesses de la famille grand'-ducale; il serait impossible de traiter une petite Russe sortie d'on ne sait où avec la même bonté, et cependant Son Altesse Royale s'avouait que l'absence de Glouskine ferait un vide que sa cour supporterait mal. Le Grand-Duc, lui, espérait, au contraire, que l'arrivée et la présence de madame de Glouskine rempliraient une place qui ajouterait beaucoup aux ennuyeuses cérémonies des réceptions de la princesse. Madame de Santa-Pierra était sans nul doute jolie femme et fort aimable ; mais Son Altesse était un peu blasée sur ses agréments, et pour avoir entrevu Vera une seule fois dans l'ombre de sa cousine Michaïloff, il désirait fort la revoir.

S. Exc. le ministre de Russie reçut donc avis qu'il serait attendu avec « madame la ministresse », tel jour, à trois heures de l'après-midi, au grand palais grand-ducal. Messieurs du corps diplomatique adressèrent en corps leurs félicitations à madame de Glouskine pour une faveur aussi distinguée. Madame de Santa-Pierra, qui n'avait été reçue en audience particulière qu'au bout de trois semaines, en fit une affaire telle que le pauvre marquis dut aller en conférer avec le maître des cérémonies, qui assura que cela se pratiquait toujours ainsi pour le doyen du corps diplomatique ; et comme il n'y avait pas eu de doyen depuis cinquante ans, on ne put rechercher les précédents, et il fallut se contenter. — Son Altesse Royale elle-même dut entendre les plaintes amères de madame de Santa-Pierra, mais il lui fut répondu que ces affaires-là étaient réglées selon l'usage, et qu'elle ne pouvait, du reste, douter de la bienveillance toute particulière de la Grande-Duchesse, à laquelle il n'était pas probable que madame de Glouskine atteigne jamais.— Pour contenter tout le monde, la princesse eut un moment la pensée d'être souffrante, et dès mercredi la grande maîtresse laissa tomber deux mots de la santé de Son Altesse. Ce propos lui valut la visite immédiate du ministre de Russie, désireux de savoir positivement des nouvelles de la Grande-Duchesse, craignant qu'en cas de contre-temps, madame de Glouskine, de son côté, ne se trouvât souffrante le jour indiqué ultérieurement par Son Altesse Royale. La grande maîtresse crut pouvoir prendre sur elle de l'assurer que l'indisposition de Son Altesse Royale ne l'empêcherait heureusement pas d'accueillir avec distinction madame la ministresse, et, pour sa propre part, s'annonça heureuse de faire ample connaissance avec une aussi charmante personne, dont tout le monde faisait tant d'éloges.

La pauvre grande-duchesse n'avait jamais été aussi tiraillée pour une présentation : d'un côté, on lui recommandait de faire bon visage à la nouvelle mariée; de l'autre, on l'entretenait des airs d'impératrice que prenait cette ambitieuse petite personne. Et comme, sous un abord assez haut, il n'y avait pas de femme plus timide que la Grande-Duchesse, elle redoutait fort de se trouver seule face à face avec le grand Glouskine et son air moqueur, et une madame de Glouskine qu'on disait si osée.

Pour Vera, elle était triomphante et avait juré ses dieux protecteurs de faire *absolument* la conquête de la Grande-Duchesse. La bonne Olga Michaïloff, tout occupée de sa cousine, était venue lui offrir quelques notions sur le pays inconnu où elle allait s'aventurer, assurant à Vera que la Grande-Duchesse était, en tête-à-tête, une personne qui faisait perdre leur aplomb aux plus assurés.

— Merci, ma bonne chérie; mais Serge m'a déjà bien mise au courant. N'aie pas peur pour moi.

— Quelle toilette as-tu? N'oublie pas que la Grande-Duchesse est toujours très-simple.

— Oui; mais moi, qui ne suis pas princesse régnante, je n'ai pas le droit de me permettre les petits lainages.

— Alors tu vas être éblouissante?

— J'espère ne pas être trop mal.

Elle ne put tirer d'autres détails.

Droutzky, qui se dévouait consciencieusement à l'éducation de *Florimond*, demanda et obtint la permission de venir contempler madame de Glouskine dans sa splendeur, et de Bove, en qualité de Français et d'homme d'un goût parfait, fut appelé à donner son avis.

Ils étaient là à l'heure dite : mais madame de Glouskine les fit attendre suffisamment pour permettre à Droutzky de donner au malheureux pug une leçon approfondie, et quand Vera fit son entrée, *Florimond*, assis sur son séant, embrassait

fortement le gros cigare qui tenait lieu de fusil à l'exercice. Dès qu'ils la virent, ils commencèrent, en se coupant les exclamations :

— Admirable !

— Parfaite !

— Délicieuse !

— Madame, c'est du dernier réussi !

— Vous trouvez, de Bove? J'en suis bien aise... Droutzky, avez-vous, du moins, des manières avec *Florimond?* Je n'entends pas qu'il soit battu.

— Moi, battre votre chien, madame ! c'est-à-dire que s'il se noyait, je l'irais repêcher.

Ils lui répétèrent alors qu'elle était adorable, et elle les écouta de bonne volonté. On lui vint dire que Son Excellence était à ses ordres, et sans leur donner le temps même de toucher à son gant, elle descendit l'escalier, soutenant de sa main gauche sa grande traîne, pendant que les jupons garnis de dentelles balayaient le tapis. Glouskine l'attendait, toujours le même, toujours irréprochable.

— Au revoir, messieurs ; mais madame de Glouskine ne peut faire attendre Son Altesse Royale.

De Bove, qui trouvait impertinent au ministre de Russie d'avoir épousé une aussi jolie femme, dit à Drouzky :

— Mon cher, je suis persuadé d'avoir déjà vu Glouskine chez *madame Tussaud,* et je suis persuadé que nos fils l'y verront. Ce n'est pas un homme, c'est uniquement un *diplomate modèle*.

— Savez-vous qu'il ne s'y entend pas trop mal en diplomatie? Bonjour, je vais chez Olga; elle est si heureuse du bonheur de sa petite cousine, que je ne puis résister au désir d'aller lui raconter la toilette rouge.

En allant au palais, la voiture du ministre de Russie croisa celles de madame Michaïloff et de madame de Santa-Pierra. Vera salua avec la douce conscience de posséder un gala irréprochable et un chasseur magnifique. De sa robe, ces dames ne virent rien; tout était caché par une longue pelisse noire.

On entra dans la cour. Le vestibule était garni d'un imposant personnel de valets de pied en culotte de peluche jaune; mais, par un hasard fatal, pas deux n'étaient de la même taille.

Vera avait ôté son manteau, et, habillée de crêpe de Chine « sang de bœuf », une jupe de faille immense de la même couleur, ses cheveux longs et mousseux coiffés de paille blanche et de muguets, son grand chignon crêpé et bosselé battant jusqu'à la taille, mince, droite, les dents serrées, les yeux triomphants, elle marchait sûre d'elle-même et sûre des autres.

La grande maîtresse attendait Leurs Excellences dans un premier salon tendu de tapisseries fanées;

le vieux chambellan Altenknocken fut ébloui de la « frau Ministerin », et s'inclina devant elle d'une révérence qu'il réservait d'habitude aux têtes couronnées.

La grande maîtresse, coiffée de raisins mûrs, faisait à voix basse mille petits compliments dont elle avait un débit perpétuel, mais que Vera recevait comme son dû.

Glouskine ne disait mot : on ne se dépense pas en amabilités, quand on est si près d'une Altesse régnante. La princesse les fit attendre cinq minutes, montre en main, puis la grande maîtresse ouvrit la porte, et la referma comme madame de Glouskine faisait sa première révérence.

Vera la fit profonde et très-lente ; Glouskine, de son côté, s'inclinait plus qu'à mi-corps. La grande-duchesse, un peu gênée, se tenait debout, les bras croisés jusqu'aux coudes, à l'autre extrémité de la pièce ; elle leur répondit par un salut gracieux. La pièce était grande. Vera fit quelques pas, puis une seconde révérence aussi profonde, mais plus vive que la première. Son Altesse Royale ne lui laissa pas le temps d'achever la troisième ; elle s'approcha, invita Vera à s'asseoir, dit à Glouskine d'en faire autant, et se tourna tout de suite vers lui pour dissiper son premier embarras.

La princesse fut bientôt la personne du monde la plus surprise. Au lieu des grands airs qu'on lui avait annoncés, elle trouva une jeune femme toute modeste, et Glouskine, qui ne demandait guère de coutume, pria sur l'instant Son Altesse Royale de daigner accueillir avec bonté sa jeune femme.

La Grande-Duchesse, mise bien à l'aise, soumit tout de suite Vera aux questions qui représentent ce qu'on appelle une « audience particulière ».

Première question. Il y a longtemps que vous êtes arrivée, madame?

Deuxième question. Vous êtes mariée depuis peu de temps?

Troisième question. Est-ce que Tenheiffen vous plaît?

Quatrième question. Est-ce que vous avez voyagé?

D'habitude, la cinquième question était : Savez-vous l'allemand? Mais avec madame de Glouskine elle était superflue. Vera répondit avec le nombre de mots voulus :

1º Madame, je suis arrivée depuis cinq semaines, et mon plus grand désir était de voir Votre Altesse Royale.

2º Je suis mariée depuis deux mois seulement, et je suis bien heureuse d'une position qui me procure l'honneur d'être reçue avec tant de bienveillance par Votre Altesse Royale.

3° C'est la résidence du monde que j'aime le mieux, puisque j'y ai trouvé tous les bonheurs.

4° Je n'ai été qu'à Francfort, mais j'ai le plus vif désir de voir Friedrichsgluck, dont on dit des merveilles.

La Grande-Duchesse fut édifiée, et, revenant à Glouskine, par la phrase qu'elle ne disait que quand elle était de parfaite humeur, elle lui demanda un peu tard :

— Vous allez bien, mon cher ministre ?

Son Excellence témoigna sa profonde reconnaissance d'une question si pleine de bonté, et, partant de là pour faire en deux mots une sorte de *mea culpa* de sa vie passée, il pria de nouveau Son Altesse Royale de lui donner son appui et son approbation, maintenant qu'il était un homme marié et rangé. Là-dessus, comme il y avait dix minutes qu'ils étaient entrés, la princesse se leva, tendit d'abord sa main à Glouskine, qui la baisa avec un profond respect, puis posa sa main dans celle de Vera, qui, sans la serrer, fit une révérence jusqu'à terre.

En sortant, madame de Glouskine accabla de mille politesses la grande maîtresse, s'enquit de son heure, de son jour, et la pria de vouloir bien être son amie, puisque son mari avait le bonheur d'être de ses amis. Le vieil Altenknocken reçut de si jolis sourires qu'il ne put s'empêcher de dire très-haut en confidence à Glouskine : « Reisend, reisend » (*ravissante*).

Le lendemain, on savait dans la ville que madame de Glouskine était une charmante et timide personne, et que Son Altesse Royale était décidée à la prendre sous sa protection; qu'il y aurait une fête à Friedrichsgluck, pour le huitième anniversaire du prince Adalbert, et que le ministre et la ministresse de Russie y étaient conviés. Madame Michaïloff, qui voulait apprendre l'exacte vérité, alla trois fois dans la même journée chez sa cousine, et entendit répondre trois fois qu'elle était sortie.

Le soir, Droutzky dit à madame de Glouskine :

— Vous serez capable de faire accepter *Florimond* à la cour.

Elle répondit simplement :

— Je le crois.

LA CROIX DE SAINTE-ODILE

M. et madame de Glouskine avaient fait exprès le voyage du Righi pour rencontrer le prince. Il s'agissait avant tout de présenter à Son Excellence la nouvelle mariée.

L'Excellence, qui a le cœur abordable, l'accueillit avec une bonté toute paternelle, trouva parfaitement justifiée la folie de Serge de Glouskine, qui, à son âge, déjà sérieux, épousait une jeune fille de dix-huit ans, pauvre et jolie.

Du reste, le prince n'aime pas, pour les missions de première classe, les diplomates célibataires. Il est vrai que Tenheiffen n'est que de deuxième classe; mais la chose pouvait s'amender. M. de Glouskine le souhaitait fort depuis longtemps, et l'entente conjugale était trop parfaite pour que madame ne le souhaitât pas passionnément. Ce fut elle qui affronta la question avec le prince. Il était ce jour-là de parfaite humeur, baisa plusieurs fois en réponse les jolies mains de la suppliante, et convint qu'il était inadmissible qu'une aussi charmante femme demeurât ensevelie à jamais dans une aussi petite légation. Il ne promit rien, mais laissa beaucoup espérer, d'autant qu'il était question, à très-proche échéance, de la retraite d'un ambassadeur depuis un demi-siècle sur la brèche.

Après un si agréable entretien, M. de Glouskine se permit d'offrir au prince l'expression de sa reconnaissance. A sa surprise, il fut arrêté court.

— Madame de Glouskine a-t-elle reçu la croix de Sainte-Odile?

— Non, Excellence.

— Non, et pourquoi? C'est absolument indiqué,

à N... on y tiendrait beaucoup. C'est une décoration de famille que l'impératrice elle-même daigne porter; je vous conseille de vous en occuper.

L'entretien finit là. Le lendemain, le prince avait la goutte; M. et madame de Glouskine prenaient congé de Son Excellence et retournaient à T...

La jeune ministresse y était attendue avec impatience : on s'ennuyait mortellement en son absence, et le petit cercle de ses fidèles la reçut avec des transports de joie.

— On ne vivait pas sans vous.

— Vous êtes plus belle que jamais.

— Et *Florimond*, l'adoré *Florimond*, comment se porte-t-il ?

— *Florimond* va à ravir; mais moi, je vais mal.

A ces mots, MM. Droutzky, Platoff, de Bove et Lynjoice laissèrent éclater leur désespoir.

— Vous allez mal! qu'est-ce qu'on vous a fait ?

— Le prince a été désagréable ?

Michel Platoff, que Son Excellence recevait toujours détestablement, n'en était pas surpris.

— Non, le prince a été charmant, mon mari est toujours charmant aussi, mais on veut que j'aie la croix de Sainte-Odile.

— Où ça s'achète-t-il? demanda le beau Lynjoice, avec un enthousiasme toujours prêt.

— Lynjoice, *ça* ne s'achète pas, *ça* se donne, *ça* se reçoit à genoux; quand on n'a pas *ça,* on n'est rien; *ça* se porte à l'épaule gauche de la grande-duchesse, de madame de Santa-Pierra et de la vieille Teufelsbruck.

— Et c'est sérieusement que vous la désirez? dit Platoff.

— Je ne la désire pas, Michel, il me la faut.

Eh bien, rédigeons une pétition, dit de Bove. Qu'allons-nous devenir si madame de Glouskine a des distractions, si elle est triste? Autant être nommé au Japon tout de suite.

— D'abord, de Bove, je vous défends d'en parler à qui que ce soit.

— C'est convenu : discret comme la tombe.

— Jurez.

— Nous jurons.

— Par *Florimond!*

Ils jurèrent.

Deux jours après, S. A. R. la grande-duchesse régnante était de retour dans sa capitale; elle revenait de Friedrichsgluck, et, y ayant fait de sérieuses économies, était d'une humeur charmante.

Comme madame de Glouskine avait des amis en bon lieu, la princesse n'était pas là depuis vingt-quatre heures que le Grand-Duc lui demandait incidemment comment il se faisait que la ministresse de Russie n'eût pas encore reçu la croix de Sainte-Odile : c'était indiqué; leurs relations avec la cour impériale, la considération attachée au ministre accrédité près d'eux depuis quinze ans... enfin, c'était une chose qui ne pouvait être retardée plus longtemps. La princesse répondit que là-dessus elle réservait son jugement; qu'il fallait être avant tout une femme sérieuse pour avoir droit à une distinction dont l'Impératrice *elle-même* faisait grand cas. Il y eut une légère insistance, qui força la Grande-Duchesse à déclarer que ce n'était pas la *première* fois que madame de Glouskine lui causait des ennuis, — ici, Son Altesse Royale regarda sévèrement son époux, — et que, du reste, elle était décidée : madame de Glouskine n'aurait pas la croix.

Il fallut bien rapporter cette réponse, mais mitigée par les regrets les plus sincères, les espérances les plus soutenues. La princesse aurait prochainement son premier petit bal, et madame de Glouskine pourrait alors en personne tenter un effort; le Grand-Duc n'admettait pas qu'on pût lui résister !

La première réception de la Grande-Duchesse avait toujours un cachet particulier d'intimité; le corps diplomatique y était plus spécialement reçu, et la princesse se faisait un devoir de s'informer en détail comment chacun avait passé l'été, et il n'y avait pas de meilleur moyen de faire sa cour que de pouvoir accuser un séjour à Hoffnungbad, source iodurée, bromurée, potassée, découverte sous le patronage immédiat de la princesse et où le Grand-Duc allait religieusement, pendant vingt jours, boire le nombre de verres voulu et présider en personne la table d'hôte de l'hôtel du *Prince Max.* Madame de Glouskine, pour sa part, n'avait pas voulu en entendre parler; aussi de Bove, son confident, lui dit le matin de la réception de la Grande-Duchesse:

— Voilà, si vous aviez été à Hoffnungbad, vous seriez sûre de votre affaire.

— Ah! pourquoi? est-il trop tard? J'irai avec joie; mais, de Bove, j'ai une idée.

— Serait-ce celle de me trouver nécessaire à votre bonheur?

— Non certes; cela vous ennuierait, et moi aussi. Persuadez-vous une bonne fois qu'il n'y a au monde qu'un homme nécessaire à mon bonheur, et que cet homme est mon mari ; car, mon cher de Bove, vous seriez ambassadeur demain, qu'est-ce que j'y gagnerais ?

— Eh bien ! et le cœur, qu'est-ce que vous en faites ?

— Je lui fais faire de la diplomatie, et il s'en trouve très-suffisamment occupé.

— Aussi vous serez ambassadrice, vous, si je ne suis pas ambassadeur.

— Je l'espère bien.

En attendant d'autres grandeurs, madame de Glouskine, comme femme du doyen du corps diplomatique, prit ce soir-là rang en tête de ses collègues ; elle était parfaitement jolie, droite, sérieuse, avec un petit air hautain, habillée d'une robe violet pâle, toute garnie de plumes bleues légères et molles, et dans les mille boucles de ses cheveux blonds de lin, des turquoises qui étaient l'envie des autres femmes.

Leurs Altesses Royales entrèrent ; madame de Glouskine fit une profonde révérence qui s'adressait uniquement à la princesse, pendant qu'un demi-sourire, conduit avec art, allait chercher le prince.

La princesse commença son cercle.

— Madame de Glouskine, vous allez bien, j'espère ?

— Je remercie Votre Altesse Royale, parfaitement, madame.

— Et M. de Glouskine ?

— Mon mari a eu une légère attaque de goutte.

— Est-ce Krankemauss qui le soigne ?

— Il ne veut pas voir de médecin.

— Ah ! c'est cela, car Krankemauss l'aurait envoyé à Hoffnungbad, et il serait guéri. Je suis charmée de vous voir si bonne mine, madame.

Et la princesse passa à lady Lot, qui, ayant des filles de l'âge des jeunes princesses Hildegarde et Augusta, était très en faveur. La Grande-Duchesse daigna l'informer que ses filles avaient rapporté à l'intention de leurs jeunes *amies* une motte de terre de Friedrichsgluck.

— Ce sera *bien* précieux, dit l'aimable lady Lot.

Entre temps, madame de Glouskine recevait les compliments du prince, qui la pria pour la première valse, en murmurant quelques mots de sa douleur de n'avoir pu lui être agréable...

Elle lui répondit sur le même ton :

— Je sais, monseigneur, que s'il dépendait de vous...

Il allait protester avec véhémence, mais elle plongea, en saluant, dans sa grande traîne.

— A tout à l'heure... Monseigneur... on vous attend.

Le cercle terminé, madame de Glouskine se mit à la recherche de son mari et lui demanda de faire quelques pas avec elle.

— Serge, vous n'êtes pas impressionnable ?

— Non, chère, pas le moins du monde.

— Mais vous savez le paraître?

Ils échangèrent un sourire contenu, et elle était si jolie qu'il ajouta :

— Cependant, s'il s'agissait de vous...

— C'est précisément de moi qu'il s'agit, et vous êtes averti.

— Que va-t-il arriver?

— Comment! vous n'êtes plus discret? bonsoir. Nous nous compromettons trop ouvertement.

Et elle partit dans le salon de danse, pendant que M. de Glouskine allait s'installer au whist d'honneur des diplomates qui ont dépassé la cinquantaine.

Au premier coup d'archet, le Grand-Duc vint réclamer à madame de Glouskine la valse promise; elle s'était levée en le voyant venir, salua profondément en passant devant la princesse, et regarda de Bove avec un air moqueur qu'il ne comprit pas du tout. On faisait place pour Son Altesse Royale et sa danseuse, dont la traîne immense s'épandait démesurément à l'allure rapide de la danse et se repliait sur elle-même, dès que le mouvement se ralentissait, laissant voir la dentelle des jupons, mousseuse et légère, sous la robe sombre.

On jouait une valse de Strauss au rhythme vif

et saccadé, et ils le suivaient de si près, que l'uniforme bleu pâle du prince et la robe violette de madame de Glouskine ne se distinguaient plus que dans un tourbillon. Tout à coup, on entendit

un cri, un brouhaha indescriptible : on aperçut le Grand-Duc se débattant des pieds au milieu d'un fouillis de gaze et de soie, et madame de Glouskine tout de son long à terre, pâle, évanouie, et à vingt pas, une magnifique turquoise brisée en morceaux.

Tout s'arrêta, le Grand-Duc affolé ne pouvait que répéter :

— Je ne sais pas comment... je ne sais pas comment...

La princesse criait que madame de Glouskine était morte, qu'on allât chercher Krankemauss, et Lynjoice, désespéré, s'élançait à sa recherche, pendant que de Bove, beaucoup plus calme, allait avertir M. de Glouskine, qui, posant ses cartes avec l'émotion la plus convenable, arrivait près de sa femme pour lui voir ouvrir les yeux. On l'avait assise; la bonne lady Lot lui soutenait la tête, et la grande maîtresse de la princesse accourait, suivie d'un plateau chargé de vinaigres et de sels, et de tout ce qu'il fallait pour ranimer plusieurs personnes fortement évanouies.

Madame de Glouskine se plaignait d'une vive douleur au pied, et d'un reste d'étourdissement qui lui fit accepter avec reconnaissance l'offre d'être transportée, en attendant Krankemauss, dans les appartements particuliers de la princesse. L'arrivée de Krankemauss, que Lynjoice ramenait triomphalement, rendit quelque calme; il demanda à être laissé seul, pour examiner le pied blessé; il prévoyait une simple foulure... mais enfin il fallait s'assurer...

On rentra dans la salle de danse, et la princesse vit avec horreur remettre à Glouskine les morceaux d'une turquoise brisée...

— Comment! la magnifique turquoise de madame de Glouskine a été jetée à terre... Ah! Excellence, je veux voir cela.

Il fallut montrer les débris, tout en assurant que ce petit malheur était absolument sans importance.

— Pourvu que ma femme ne se ressente pas de cette chute, le reste est égal.

Krankemauss revenait d'un air sérieux et affligé...

Le cas n'était pas grave heureusement, la tête n'ayant que légèrement porté; mais il prévoyait que l'entorse de Son Excellence, — car c'était une entorse parfaitement caractérisée, — retiendrait madame de Glouskine au moins quinze jours étendue. On pouvait la ramener chez elle sans aucun inconvénient en soutenant le pied, et il valait mieux même que madame de Glouskine rentrât le plus tôt possible, afin qu'on pût procéder à un premier pansement; le pied n'était encore que très-légèrement enflé, et il espérait, grâce à un traitement *spécial,* le maintenir en cet état.

Il n'y avait plus qu'à agir. Lynjoice, qui ce soir-là pensait à tout, sachant que madame de Glouskine avait renvoyé sa voiture, avait la sienne toute prête; lui et de Bove porteraient facilement madame de Glouskine jusqu'en bas. La Grande-Duchesse aida elle-même aux préparatifs. Krankemauss descendit l'escalier en éclaireur, afin de prévenir les secousses et de soutenir à l'occasion le pied malade; il se chargea de revenir annoncer à la princesse comment se serait effectué le trajet. Une heure après, heureusement rassurée sur ce point, il ne restait à la Grande-Duchesse que l'amertume de songer à la turquoise qu'il faudrait de toute nécessité remplacer.

Le Grand-Duc avait légèrement repris ses esprits quand la solitude permit enfin à son auguste épouse de lui faire les plus cruels reproches sur une maladresse dont les conséquences devaient forcément être fort malencontreuses. « Car non-seulement vous avez manqué de la tuer : Krankemauss dit que sa tête a porté; mais vous avez brisé une pierre qu'il faut lui rendre : nous ne pouvons être en reste. » Le prince en convint, mais suggéra qu'il y avait peut-être des accommodements; que madame de Glouskine désirait vivement la croix de Sainte-Odile, et que sans doute elle y attacherait beaucoup plus de prix qu'à une turquoise. Cette idée économique sourit à la princesse, et il fut décidé avec une affectueuse entente que Krankemauss serait chargé de sonder officieusement madame de Glouskine à ce sujet. Il s'en acquitta à merveille, et fut bientôt en mesure d'assurer que la turquoise (qui avait coûté quatre mille roubles) serait plus que compensée par un témoignage aussi précieux de la bienveillance de la princesse.

Pendant les quinze jours qu'elle ne put quitter sa chaise longue, madame de Glouskine reçut les témoignages les plus distingués de la sympathie générale; le Grand-Duc ne manquait pas de venir en personne chaque après-midi prendre de ses nouvelles, et était accueilli sans rancune.

A peine sur pied, marchant difficilement encore, bien que Krankemauss eût conjuré toute espèce d'enflure, madame de Glouskine se hâta d'aller offrir à la Grande-Duchesse l'hommage de sa reconnaissance pour les bontés dont elle avait daigné l'honorer au moment de son accident. La princesse y répondit avec condescendance et déclara vouloir profiter de l'heureuse occasion du rétablissement de madame de Glouskine pour lui offrir une distinction qu'elle lui destinait depuis longtemps, — la croix de Sainte-Odile, — décoration de famille, sans valeur en soi, mais à laquelle elle espérait cependant que madame de Glouskine tiendrait et qu'elle porterait quelquefois, son auguste cousine l'impératrice Hildegarde en faisant un cas particulier.

Les remercîments de madame de Glouskine furent proportionnés à la faveur, et quand la princesse voulut ajouter quelques mots au sujet de la turquoise de quatre mille roubles, elle fut interrompue avec le respect le mieux placé.

Au premier dîner qui se donna à la cour, on invita Son Excellence le ministre de Russie et sa femme; elle y parut plus charmante que jamais, portant à l'épaule sa croix neuve de Sainte-Odile et au cou une broche en rubis qu'elle sortait pour la première fois, disait-elle, afin de faire honneur à sa croix.

La princesse, qui voulait être malicieuse, recommanda au prince, son époux, de ne pas causer quelque nouvelle catastrophe au rubis. Il le promit, d'autant qu'il n'est pas tous les jours en position de disposer d'aussi fortes économies.

Revenant chez eux, madame de Glouskine dit à son mari :

— Eh bien! et mon rubis, vous ne me demandez pas d'où il vient?

— Ma chère, toutes les chancelleries ont des fonds secrets.

MYSTÈRE ET DIPLOMATIE

A peine arrivée d'Italie, la jeune, jolie et charmante petite princesse Hermann ne fut pas plutôt installée à sa résidence du *Grungarten,* que chacun se mit en devoir d'exercer sur elle et ses actions une affectueuse surveillance.

Au premier rang, S. Exc. le comte Benparlato, envoyé de l'auguste famille italienne de la princesse et très-particulièrement député pour rendre un compte détaillé de la conduite et de la position prise par la jeune épousée. Mais la jolie petite princesse ne le craignait guère, ce bon Benparlato,

et se piquait de lui faire dire ce qu'elle voudrait et croire ce qu'elle entendrait.

Après Son Excellence venait la baronne d'Altenhauss, première dame d'honneur de Son Altesse Royale, ayant en outre toute la confiance de S. M. l'Impératrice; puis l'aimable Sussenlippé, chambellan et secrétaire du commandement de la princesse, et très avant dans les bonnes grâces du souverain. Ceci était la maison particulière. Au dehors il y avait encore l'illustre docteur Grossedenke, homme d'un mérite *supérieur,* chargé officiellement de la santé de Son Altesse Royale, et tenu sous la foi du serment de révéler au prince Hermann les indispositions vraies et celles de *caprice,* l'indisposition-caprice étant une maladie parfaitement reconnue.

Après lui, venait par accident le maître de musique, fort bonhomme, donnant également des leçons à Son Altesse Royale la princesse héritière, qui tenait à être informée consciencieusement des véritables dispositions de sa belle-sœur, et enfin,

mais en sinécure, son époux lui-même, le prince Hermann, le prince de l'Europe le plus aimable, le plus galant, le plus charmant, si facilement amoureux, que, le cas échéant, on pouvait croire qu'il le deviendrait de madame sa femme.

Tous les rapports s'accordaient à déclarer que Son Altesse Royale était une princesse délicieuse. C'était un miracle. Son auguste beau-père le prince régnant lui-même était sous le charme; elle lui donnait fort bien ses petites mains à baiser, lui volait des cigarettes, lui chantait ses plus jolies romances; en un mot, mettait tout à l'envers dans cette cour sérieuse, ce qui ne l'empêchait cependant pas de plaire à son auguste belle-mère, qu'elle gâtait de caresses enfantines, et à qui elle racontait les petites histoires qu'elle apprenait par les dames de service et qu'on n'aurait osé répéter à Sa Majesté Impériale. Avec cela, elle n'avait pas peur de la perruche favorite, personnage assez acariâtre, qu'elle baisait sur le bec sans que l'autre y fît opposition. Quant au prince, son époux, on l'avait entendue le tutoyer en aparté public, mais assez haut pour que le fait fût constaté par vingt personnes et pour scandaliser fortement la princesse héritière.

La petite princesse n'avait réussi si bien qu'en faisant précisément le contraire des officieux conseils qu'on lui avait prodigués; aussi elle demeurait très-décidée à suivre toujours sa propre impulsion, surtout si on la mettait en garde de ne pas le faire.

Entre autres choses, le comte Benparlato ne manquait jamais en temps opportun de la prémunir contre une tendance très-marquée à distinguer une dame plus que l'autre et surtout à s'en défendre vis-à-vis des étrangères du corps diplomatique. Aussi la princesse s'occupait-elle sérieusement de découvrir une personne qu'elle pût admettre au rôle d'amie; car on aurait pu la sermonner longtemps avant de la persuader qu'une intimité composée d'Altenhauss et de Sussenlippe devait lui suffire à tout jamais. Elle montrait déjà une préférence assez vive pour l'aimable madame de Camon. La princesse la trouvait tout à fait à son goût, sauf une petite réserve d'austérité et de respect qui lui faisait peur. Elle avait fait parler ces messieurs et avait découvert que madame de Camon était gaie, mais d'une manière qui n'était pas du tout celle de la jeune princesse, qui ne pouvait s'empêcher de se mourir de rire si quelqu'un tombait, et de compter, à un dîner officiel, les rides du feld-maréchal Blankenass. Elle était persuadée que cette sorte de gaieté n'était pas celle de madame de Camon.

Pendant ces hésitations, on annonça l'arrivée à T... de la belle marquise Della Primavera, contre laquelle tout le monde se hâta de mettre la princesse en garde.

Le comte Benparlato, l'envoyé de la famille, vint le premier l'informer que, tout en devant des égards à une compatriote de fort bonne maison et dont le mari allait faire occuper à T... une position officielle, elle devait cependant se tenir sur la réserve : madame Della Primavera n'était que trop charmante, d'un entrain séduisant, certainement, mais elle acceptait depuis plusieurs années les

hommages du jeune Buencasa, garçon d'avenir, qui avait quitté l'armée pour les beaux yeux de la Primavera, disait-on ; en un mot, ce n'était point du tout une de ces personnes irréprochables, dignes de l'intimité d'une jeune et illustre princesse.

La petite princesse écouta patiemment l'excellent ministre plénipotentiaire, l'assura qu'elle était toujours ravie de l'entendre, et lui demanda des nouvelles de son cuisinier, lequel cuisinier était la consolation de la vie du comte Benparlato et le lien visible de tout le corps diplomatique, unanime sur ses mérites.

Madame d'Altenhauss, le jour fixé pour la présentation de madame la marquise Della Primavera, représenta vivement à Son Altesse Royale l'honneur de sa haute position et la retenue extrême dont elle devait user vis-à-vis d'une personne... une très-grande dame, sans doute... et charmante, à ce qu'on disait.., mais sur laquelle, malheureusement... enfin, le monde est très-méchant... mais il n'en était pas moins du devoir de la baronne d'Altenhauss d'éclairer l'inexpérience et la jeunesse de Son Altesse Royale, qui savait, du reste, son dévouement, etc., etc. La princesse l'embrassa, lui dit qu'elle était la perle des dames d'honneur, et qu'elle l'adorait.

Le chambellan, secrétaire des commandements Sussenlippe, qui se réservait le domaine intime du scandale, revu et corrigé, et mis à la portée d'une jeune princesse, ne manqua pas de placer plusieurs petites anecdotes charmantes, mais qui prouvaient efficacement que le jeune Buencasa jouait un rôle trop proéminent dans l'existence de la belle marquise.

L'illustre docteur Grossedenke ne l'ayant pas vue, ne put, en faisant sa visite officielle, rien ajouter ; mais le bon maître de musique, par contre, fut en mesure d'informer Son Altesse Royale qu'on disait... on lui avait répété que madame la marquise de Primavera chantait comme un ange. En dernier ressort, la princesse interrogea d'elle-même son illustre époux, le prince Hermann : il avait déjà eu l'occasion de rencontrer la marquise ; il l'avait vue la veille à l'Opéra.

— Jolie ?

— Superbe.

— Ah ! tant mieux ! Je déteste les femmes laides.

Enfin, la belle Primavera elle-même fit son apparition : des cheveux couleur marron brûlé formant deux nattes immenses qui faisaient plusieurs fois le tour de sa tête, des yeux de velours profonds, avec des cils noirs, courts et drus, des yeux rieurs, passionnés, vivants, qui appelaient tous les cœurs ; des traits irréguliers, un teint mat et clair, une grande belle taille un peu charnue, et cette voix gutturale et douce à la fois des Italiennes; elle était mal mise, mais magnifiquement, et

ayant ôté respectueusement ses gants, elle montrait ses belles mains couvertes de bagues. D'un premier élan, la marquise baisa celle que lui tendait la jeune princesse, et avec cette aisance charmante des femmes méridionales, parla tout de suite de sa joie d'être à T..., près de *sa* princesse qu'elle *adorait* déjà et plus que jamais, maintenant qu'elle la trouvait si belle, et si bonne, et si accueillante. Elle souhaita à sa chère princesse mille années, et toutes heureuses, et surtout de beaux enfants : elle n'en avait pas, elle; c'était son chagrin, son inconsolable douleur. La bonne d'Altenhauss en fut attendrie.

Il ne fallut pas longtemps pour que chacun s'aperçût de la haute faveur dont allait jouir madame la marquise Della Primavera. Deux fois dans la même semaine on l'avai vue au théâtre, dans la loge de Leurs Altesses Roya.es; le prince avait mis une grande bonté à ne pas combattre cette naissante inclination, faisant observer à ses augustes parents qu'il n'était pas juste de priver la princesse d'une société qui lui plaisait, uniquement sur la foi de on dit colportés par de mauvaises langues. D'abord, Buencasa était cousin et ami d'enfance de la marquise; ensuite, il n'était pas à T..., et enfin, étant donné la position du marquis Della Primavera, rien n'était d'un goût plus détestable que ces sortes d'inquisitions. Sa Majesté elle-même fut de cette opinion : ces sortes d'inquisitions étaient déplorables.

De plusieurs autres côtés, la chose n'était pas aussi facilement acceptée. S. Exc. le comte Benparlato redoutait fort une influence qui pourrait très-bien suppléer la sienne et enlever quelque mérite à ses éminents services. Madame de Camon aussi fut un peu piquée, car elle vit promptement qu'elle était tout à fait dépassée, et on lui fit officiellement observer que cela était fâcheux, très-fâcheux même; qu'on avait compté sur son concours, car on espérait déjà beaucoup de l'influence que la petite princesse allait avoir. D'autre part, S. Exc. l'ambassadeur de Russie, qui avait été attentif au commencement de faveur de madame de Camon, et qui l'avait redoutée, fut charmé quand il parut bien établi que la marquise était destinée, et elle seule, au rôle d'amie intime, car c'est sur ce pied-là que la princesse Hermann la traitait, et le petit palais de Grunegarten en était tout transformé.

La princesse s'était remise à sa musique. Violante, c'était le prénom de la marquise, chantait divinement, et à propos de tout partait d'un grand rire frais et retentissant qui faisait frémir la baronne d'Altenhauss et le correct Sussenlippe; avec cela, d'un étonnant sans façon; ne manquant cependant jamais du respect voulu, mais vraiment, avec le prince, tout à fait camarade.

La vraie partie était d'aller chez la marquise sans madame d'Altenhauss ni l'inévitable Sussenlippe; la belle Primavera les imitait dans une telle perfection, plongeant dans sa jupe et s'asseyant presque à terre pour représenter les révérences de la baronne, qu'on ne s'apercevait de leur absence que ce qu'il fallait pour la rendre délicieuse.

La petite princesse devait avoir en madame Della Primavera une confiance à toute épreuve, car elle faisait très-bonne mine aux premiers symptômes qui, chez le prince Hermann, dénotaient une nouvelle passion à l'horizon. S. Exc. le comte de Benparlato avait cru de son devoir d'en placer quelques mots discrets afin de mettre Son Altesse Royale sur ses gardes; son avis avait été évidemment perdu, mais il se promettait de suivre cette affaire de près et de ne pas ménager à la princesse les révélations même les plus pénibles, car il ne s'agissait pas de laisser auprès d'elle une amie dangereuse. Jusque-là, l'œil de lynx de ce diplomate ne découvrait malheureusement rien dans la conduite de la marquise qui pût justifier son intervention; si par hasard le prince lui disait quelques mots en aparté, on l'entendait bientôt rire aux éclats ou fredonner quelque romance « inconsolée », comme elle les appelait. Sur la princesse, non plus, rien à dire : la vigilance attentive de l'excellente d'Altenhauss en était désespérée; jamais un mot méchant à rapporter, jamais de mystère, et chez la princesse comme chez la marquise, une bonne humeur invariable. Avec cela, la baronne avait conscience qu'on ne la comptait pas plus que la petite chienne de la marquise, qui s'appelait *Jolly* et dont sa maîtresse portait les poils blancs dans un beau médaillon, prétendant que c'était le souvenir du seul être au monde qui l'aimât véritablement, propos que la baronne d'Altenhauss trouvait scandaleux dans sa légèreté, d'autant qu'elle restait persuadée de l'existence de Buencasa, avec une perspicacité que la marquise facilitait en parlant très-facilement de *son ami,* promettant son arrivée, et assurant que sa venue leur donnerait à tous de l'entrain. La jeune princesse était déjà parfaitement disposée à l'égard du chevalier Buencasa.

Au milieu de cette aimable tranquillité, le prince Hermann devenait de plus en plus agréablement épris de la belle marquise; en définitive, puisque le marquis ne comptait que très-superficiellement dans la vie de sa femme, et que Buencasa n'arrivait pas, il était permis à Son Altesse Royale de se laisser aller à rêver les combinaisons les plus inattendues.

Cet état de béatitude expectante fut tout à coup troublé d'une manière qui, sans être nouvelle, manque cependant rarement son effet. Le prince

reçut des lettres anonymes. On y maltraitait naturellement fort la pauvre marquise, et l'on y conseillait au prince de se défier des coquetteries d'une dangereuse sirène, etc. Il fut, comme le sont tous les hommes malgré eux, troublé et chagrin, et, sans s'en apercevoir, se mit à observer de près la marquise. Il avait bien quelque envie de la faire suivre, de se faire rendre compte de la façon dont elle passait ses journées, mais il n'osait pas encore. Enfin, un beau matin, il reçut deux autres lettres : l'une lui conseillait charitablement de découvrir qui la marquise de Primavera avait été voir le mardi précédent, à onze heures du matin, dans une vieille maison près du quartier juif, habillée et voilée comme une personne qui ne veut pas être reconnue; l'autre suggérait respectueusement, et agissant par un dévouement absolu, que Son Altesse Royale surveillât un peu plus attentivement la conduite de la jeune princesse Hermann, dont les sorties fréquentes *sans sa dame d'honneur,* et avec une noble étrangère, donnaient à parler.

Ce matin-là, la jeune princesse était précisément d'une gaieté folle, à la profonde surprise de l'excellente baronne, qui croyait savoir que Son Altesse Royale avait reçu une lettre de nature à la rendre plus sérieuse. Jamais, au contraire, elle n'avait paru si rieuse qu'à ce déjeuner princier, dont elle fit à elle seule les frais de conversation, son auguste époux étant plongé dans une humeur tout à fait sombre. Elle lui offrit, pour le désennuyer, de sortir avec elle ce jour-là, vers quatre heures ; elle avait dans sa tête une petite partie qu'elle serait charmée de faire avec lui. Le prince le plus aimable de l'Europe s'excusa en prétextant des ordres de son illustre père et souverain, qui l'envoyaient précisément à cette heure-là au ministère de la guerre. La princesse n'insista pas, et madame d'Altenhauss et le chambellan Sussenlippe échangèrent des regards profonds ; ils se préparaient à de grands événements.

Au lever de table, la princesse, en donnant des ordres pour la journée, informa gracieusement la baronne qu'elle n'aurait pas besoin d'elle cette après-midi-là. Elle avait promis à madame de Primavera d'aller prendre le thé sans façon chez elle. Contre l'habitude, la dame d'honneur ne présenta aucune objection, n'invoqua aucune tradition, et Sussenlippe, qui ne prenait jamais grande place et que madame de Primavera prétendait être portatif, au point qu'en voyage on devait pouvoir le plier avec ses châles, fut plus anéanti encore que de coutume. A trois heures, la princesse, dans son petit coupé le plus modeste, se faisait conduire chez la marquise de Primavera, et, arrivée là, partait d'un éclat de rire si joyeux que même la marquise n'en pouvait avoir un plus triomphant. Quelques minutes plus tard, un homme à la mine suspecte prenait faction en face de la maison de la marquise, et deux personnes d'allures distinguées arrivaient en fiacre, chacune d'un côté opposé, dans une vieille rue près du quartier juif.

Pendant ce temps, la jolie petite princesse changeait de chapeau, de manteau, et se laissait encapuchonner par la marquise, qui, en qualité de Génoise, s'y entendait comme personne, et en une demi-heure était transformée au point d'être sûre qu'aucune Altenhauss du monde ne la reconnaîtrait ; la marquise, de son côté, ôtait toutes ses belles bagues, et même le fameux médaillon de *Jolly,* et, une grande pelisse noire jusqu'aux pieds, un voile noir sur un voile blanc, ce qui est un fameux masque, elle pouvait espérer passer tout à fait inaperçue, même devant un Sussenlippe.

La princesse était dans une joie folle; jamais, jamais elle ne s'était autant amusée; elle embrassait la marquise, et toutes deux se remettaient à rire en pensant à *eux :* « Ah! qu'ils sont donc amusants! »

A quatre heures, le monsieur qui faisait une promenade hygiénique en face de la maison de la marquise vit sortir une personne voilée qui alla chercher un *drotschke* à la station voisine, lequel drotschke s'engouffrait mystérieusement quelques minutes après sous la porte cochère pour repartir au bout d'un instant et passer assez près du monsieur bon marcheur pour qu'il pût distinguer *deux ombres* noires; le fait constaté, il se trouva qu'il avait pris suffisamment d'exercice, et il disparut dans une autre direction. Nous ne le suivrons pas. Le drotschke, qui marchait bien, arriva assez vite au bout d'une vilaine rue du quartier juif, et son apparition fit se rejeter dans le fond de leur voiture les deux personnages mystérieux, qui, une seconde après, mettaient pied à terre, et rasant les murs, le parapluie ouvert, — il faut toujours se méfier de l'humidité, — jetaient des coups d'œil anxieux vers le n° 15. Ce fut là, en face d'une très-vilaine porte, que le drotschke s'arrêta. Une dame de taille moyenne descendit lestement en portant son manchon au visage, et sa vue fit pousser un cri étouffé de surprise au premier personnage mystérieux, tandis que l'apparence d'une dame noire plus voilée encore, mais d'une taille plus imposante, arrachait une sorte de mugissement douloureux au second personnage mystérieux qui observait

l'autre avec fureur, persuadé qu'il allait le voir disparaître à son tour derrière cette porte silencieuse, tandis que celui qu'on soupçonnait ainsi suivait, d'un œil jaloux, les mouvements d'un monsieur qui ne se promenait certes pas pour rien dans un aussi vilain quartier; ils observaient, mais ne bougeaient ni l'un ni l'autre. La pluie commençait pour de bon; une vieille femme apparut un instant au seuil de la maison mystérieuse, constata la présence des deux parapluies, et rentra.

Le temps passait, et l'excellent Benparlato se demandait si au service de sa princesse il allait attraper la mort, et surtout si le prince Hermann l'avait reconnu malgré un déguisement digne d'un congrès, et enfin si Son Altesse Royale ne se déciderait jamais à entrer à ce n° 15 où on l'attendait sûrement avec impatience.

Pendant qu'il délibérait, *elles* reparurent; elles se parlaient et riaient si haut que Benparlato en frémissait; il aurait reconnu le rire de la marquise à cent lieues, et était suffoqué de sa hardiesse; *elles* remontèrent en drotschke, et à son ébahissement il vit la voiture se diriger de son côté, et une voix qui n'était pas celle de la Primavera lui crier : « Bonsoir, Excellence! » et de la même haleine, toujours en français : « Bonsoir, Hermann; allez donc avec le ministre au n° 15. » Et le drotschke disparut.

S. A. R. le prince Hermann et S. Exc. le comte Benparlato faisaient en ce moment ce qu'on appelle une sotte figure; ils hésitèrent, puis le diplomate prit le premier son parti.

— Ah! Altesse Royale, nous étions jaloux, voilà. Si nous allions voir ce qui se découvre au n° 15?

Le prince le plus aimable de l'Europe était tellement étonné, qu'il aurait été incapable d'une réponse. Son Excellence sonna donc à la porte, et

demanda à la respectable vieille qui vint ouvrir : — « Est-ce que nous pouvons entrer? — Oui, messieurs; *il dort* encore. Si vous voulez monter trois marches... » Et se retournant : « *Hauts-nés*, messieurs, c'est quatre thalers..., on paye d'avance. Vos Excellences seront satisfaites, il ne se trompe jamais. » Et le prince et Benparlato furent introduits dans le sanctuaire d'un *somnambule* extralucide, qui ne fit aucune difficulté pour leur révéler l'amour qu'ils inspiraient à diverses personnes également charmantes, dont ils devaient dans l'année épouser la plus riche et la plus jolie.

Les huit thalers dûment payés, et ravis des horizons qui leur étaient entr'ouverts, ils prirent le parti de terminer en hommes d'esprit leur petite aventure. Et une heure après, de sa propre main et sur le conseil de son auguste époux, la princesse priait Son Excellence de venir dîner ce soir-là sans faute. Ils auraient la marquise Della Primavera et personne autre.

A l'heure moins dix et la princesse encore dans sa chambre, l'excellente madame d'Altenhauss vit avec stupeur arriver d'abord M. le marquis et madame la marquise Della Primavera; puis, à leur suite, S. Exc. le comte de Benparlato, enfin le prince véritablement, avec la mine du plus galant de l'Europe, et après lui la princesse, radieusement gaie et quoique avec une petite pointe de fierté hautaine qu'on ne lui connaissait pas. Malgré sa suffocation intérieure, le modèle des dames d'honneur fut parfaite toujours, surtout vis-à-vis de l'aimable marquise.

Au plus beau moment de la soirée, le prince demanda gracieusement à la marquise Della Primavera ce que le monsieur extralucide lui avait prédit.

— Ah! prince, vous êtes curieux, et comme j'y crois, je ne vous le dirai pas; demandez plutôt à Son Altesse Royale ce qu'on nous a annoncé; dites, princesse chérie, dites au prince.

— Eh bien, mon cher Hermann, je sais ce que Grossedenke n'a pu me dire : ce sera un fils.

PREMIER DE L'AN
DIPLOMATIQUE

I

GRAND GALA.

Le premier jour de l'année, le palais prend sa mine des grandes solennités : les factionnaires sont choisis avec soin parmi les beaux hommes d'un régiment d'honneur; à la grille, deux cuirassiers montés sont immobiles sur leurs lourds chevaux noirs; leur éclatant uniforme, le miroitement de leurs cuirasses fait une tache claire sur le fond sombre de l'atmosphère brumeuse...

Le long de l'allée qui mène de la Grande-Place à la grille du palais, les curieux stationnent, et chaque voiture qui apparaîtra sera reconnue et saluée tout de suite. Partout le peuple a ses préférences parmi les diplomates, et la personne des ambassadeurs est pour beaucoup dans ces sympathies inconscientes. A N..., le corps diplomatique est nombreux et bien représenté. D'abord :

LA FRANCE.

Personnel d'ambassade nombreux sans l'être trop, tous de jeunes hommes avec un chef qui n'a pas atteint la cinquantaine; l'ambassadeur est diplomate de race; fils d'un ambassadeur, il a été élevé dans les chancelleries et se pique, malgré les temps, de maintenir entières toutes les bonnes traditions. Il sait fort bien que rien n'est détail là où tout le monde vous observe, et est à la fois préoccupé des plus graves questions et de la tenue de son chasseur : il le veut aussi étincelant et pourtant aussi sérieux que possible; lui-même s'est étudié longtemps pour apprendre à porter l'uniforme avec la perfection à laquelle il était arrivé : être en gala, n'en avoir pas la mine tout en ayant la tenue. De sa personne, notre ambassadeur est un peu court et trapu; les cheveux et la barbe noirs, coupés

presque ras; l'œil à fleur de tête, ouvert et intelligent; une figure enfin qui fait dire à l'étranger : Voilà un Français; a grand air sous l'uniforme. Une pelisse fourrée, posée en arrière sur les épaules, fait ressortir le brillant des plaques et le rouge vif du grand cordon qu'il porte au col. Son Excellence tient à la main son chapeau à plumes et s'en sert comme personne.

Conseiller, secrétaire et attachés entourent leur chef; tous très-corrects, peut-être trop, avec un je ne sais quoi de roide sous l'uniforme un peu sombre, sans assez de dorure, et un collet d'une envergure trop militaire.

Le conseiller est d'un mérite distingué, avec cet esprit gouailleur qui, endormi parfois quand on est chez soi, renaît de plus belle dans le milieu étranger; galant sans en avoir l'air, très-posé à N.., il est de tous les dîners; du reste, assez critiqueur, ce qui est un charme.

Le premier secrétaire est un ambitieux aimable, pense énormément à la carrière, à l'avancement et aux dépêches; aussi, il a plus de croix que les autres, car il s'est arrangé à obtenir un grand cordon du khan de Tartarie, et ce ruban jaune pâle le pose étonnamment; extrêmement respectueux de son chef et de la hiérarchie en général.

Les attachés sont de jolis garçons qui espèrent quitter la carrière le jour du mariage, qu'on prépare pour eux pendant qu'ils acquièrent des mérites en se promenant à l'étranger; aussi, sont de fort médiocres diplomates; de l'uniforme, aiment assez l'épée.

L'attaché militaire est pris et se prend très au sérieux, fait trop de rapports, est souvent de mauvaise humeur, mais, aux cérémonies, parfait de tenue et de réserve.

A l'heure fixe, Son Excellence monte dans sa grande voiture vert sombre, à housse pareille, toute rehaussée d'argent étincelant qui éclaire aussi la livrée des hommes et couvre les lourds harnais : les chevaux noirs ont de magnifiques pompons cerise; ils vont d'une belle allure, et quand la voiture apparaît à la vue des badauds, le conseiller d'ambassade, qui observe officiellement l'attitude des curieux, en est content : il y a encore de beaux jours pour le prestige.

L'ANGLETERRE.

L'ambassadeur de Sa Majesté Britannique est accompagné de la plus aimable ambassadrice, qui corrige par ses grâces naturelles les distractions et les roideurs de Son Excellence, le diplomate le plus préoccupé de la « paix de l'Europe », à laquelle son excès de zèle fait souvent courir de véritables dangers. L'ambassadeur est magnifique et dépensier, se croyant tenu à cela comme au reste, et voulant toujours représenter avec toute la noblesse et la grandeur possible son auguste souveraine; il porte mal l'uniforme, dont aucune décoration ne relève l'éclat; mais pour faire grand effet, il compte avec

raison sur sa superbe voiture à coffre jaune, son magnifique cocher en perruque, tricorne et livrée ventre de biche, toute garnie d'or, et ses hommes à bas roses, à culotte de peluche noire, à chapeaux tout cordés d'or et leurs grandes cannes de parade penchées correctement.

Tous ces messieurs de l'ambassade anglaise sont mariés, sauf le premier secrétaire, et, lui excepté, ils n'ont d'autre ambition que de mener, autant qu'ils le peuvent, une vie de famille et d'oublier qu'ils sont à l'étranger; pour tous, mettre l'uniforme est une cruelle punition, et de tout le corps diplomatique, ce sont eux les plus embarrassés de leur épée et du chapeau empanaché; en général, saluant mal avec une gaucherie fière, mais toujours parfaitement gentlemen.

LA RUSSIE.

L'ambassadeur le plus chamarré, le plus décoré, le plus somptueux, portant l'uniforme avec une aisance parfaite et, sous toutes les grandeurs, conservant une pointe de débraillé qui est comme un cachet de race; glorieux comme doit l'être le représentant du maître de toutes les Russies.

Le personnel d'ambassade le plus complet : un conseiller, trois secrétaires, quatre attachés, tous titrés, tous décorés, et trois d'entre eux ayant des femmes charmantes en rivalité continuelle de toilette avec leur ambassadrice.

Le chasseur de Son Excellence est effrayant à force d'être imposant, et la voiture de cérémonie, toute pompeuse de dorure, est menée avec fracas; on a pour cela la véritable et ancienne tradition, alors que les gens de M. l'ambassadeur étaient une petite armée très-facilement militante; du reste, la Russie est seule aujourd'hui à comprendre et à observer intégralement les vraies coutumes diplomatiques.

L'ITALIE.

Entre celles des grandes puissances, l'ambassade

la moins fastueuse. L'ambassadeur, qui est jeune,

conserve quelque chose de plus personnel. — Diplomate d'une habileté reconnue, il excelle à envisager, à tourner, à résoudre les situations les plus délicates, et sous une mine d'homme uniquement galant et spirituel, ne perdant pas de vue un seul instant sa position, sa responsabilité, et demeurant toujours et partout le représentant de son pays qu'on offense, qu'on courtise, et qu'on reconnaît dans sa personne. Le moins agressif des diplomates, le meilleur collègue, d'un conseil sûr; a adopté en toute circonstance l'uniforme diplomatique vert foncé sans presque de chamarrure et paraît en petite tenue au milieu du personnel de son ambassade. Eux portent l'uniforme avec l'air de gala, d'y être et de s'y plaire. Du reste, peu nombreux, juste le nécessaire : un conseiller, un premier secrétaire et deux attachés, tous pauvres, de grande maison et toujours amoureux. C'est l'ambassade la mieux vue des princesses.

L'AUTRICHE.

Corrects et très-sérieux, l'ambassadeur et l'ambassadrice; ils sont vieux, aimables, et ne regardent guère les cérémonies qu'au point de vue de distraction mondaine, d'un grand air qu'aucune fortune diverse du pays qu'ils représentent ne change ni n'amoindrit. Restent toujours, avec la plus avenante dignité, les envoyés d'une des plus vieilles

maisons souveraines de l'Europe. Dans sa longue carrière, l'ambassadeur a été témoin d'événements trop contraires pour être jamais découragé ni triomphant; en toute occasion réserve l'avenir, parle très-peu d'affaires, et jusqu'à un certain point est partisan du laisser-aller, persuadé que les questions les plus compliquées se débrouillent toutes seules; tient extrêmement à la façon dont il sera reçu, salué et reconnu par le souverain, devant lequel il demeure dans un respect corrigé par la conscience qu'il tient, lui, la place d'un autre souverain. Équipage sobre, mais d'un cachet irréprochable.

Le personnel de l'ambassade est charmant. Comme conseiller, un prince médianisé qui sera ambassadeur à son tour. Pour premiers secrétaires, les meilleurs valseurs de N..., — ce qui leur donne une véritable prépondérance partout; ce sont eux qui mènent les bals de la cour; on les adore, on les flatte; on craint leur plus petite indisposition; sont, par ce moyen, extrêmement utiles à leur chef, car la danse est un des ressorts de la diplomatie; comme le sait fort bien le vieil ambassadeur d'Austro-Hongrie, il ne s'agit pas d'être graves, mais habiles. L'attaché militaire, « la coqueluche des cœurs », splendide dans un uniforme à dolman, à sabretache, à éperons, à plumets. L'ensemble forme une ambassade très-imposante.

LA TURQUIE.

Tout le mauvais goût, mais tout le faste imaginable; d'une très-haute mine, l'ambassadeur, avec sa belle figure orientale, un teint clair et coloré comme celui d'une femme, et le rouge brillant de son fez, en parfaite harmonie avec la richesse des dorures en plastron de son uniforme ; son grand cordon qui passe sous le ceinturon vient former une large rosette au-dessus de l'épée courbe des fils de

l'Islam. Une des ambassades les plus empressées auprès des dames, et en masse, extrêmement bien vue dans le corps diplomatique. Les jeunes beys ont une foule de petits talents, dessinent la caricature, chantent la chansonnette, se font le plus Parisiens possible, saluent mieux qu'aucun de leurs collègues, et la main sur le cœur, ont quelque chose de vraiment noble et viril, car rien de moins servile que ce profond salut des Orientaux ; excellents diplomates, discrets et clairvoyants.

Des acteurs, passons aux décors.

L'une après l'autre, les lourdes voitures de gala franchissent la grille et viennent avec fracas s'arrêter court devant le perron, gardé par deux sentinelles immobiles. Au dehors, sous le ciel froid, le peuple regarde avec une satisfaction curieuse toute cette grandeur et cette pompe qui témoignent du respect qu'on porte au souverain auquel, par procuration, le monde civilisé tout entier vient souhaiter une nouvelle année de prospérité glorieuse. La vaste porte vitrée est ouverte, et en haie, six par six, les grands valets de pied à livrée blanche se tiennent droits et graves ; tout au fond, le gros portier à habit rouge, baudrier doré et chapeau sur la tête, frappe lourdement sa hallebarde sur le passage des ambassadeurs. Le vestibule immense est orné de quelques statues de marbre à l'air noble, qui, muettes et placides du haut de leur socle, regardent depuis des siècles tout passer devant elles. A gauche, le grand escalier d'honneur aux marches basses, larges et planes, avec sa rampe fouillée, guillochée et dentelée comme une malines ; le jour tombe un peu brisé à travers les petits carreaux de

deux hautes fenêtres, et la lumière va éclairant çà et là, d'un rayon doré, les grandes toiles couvertes de sujets allégoriques, où l'Olympe sourit placidement dans les nuages perlés et les forêts enchanteresses de la mythologie.

Rien ne trouble d'habitude le calme parfait de ce beau degré... Aujourd'hui, c'est un murmure discret de paroles à mi-voix, un bruissement léger de soie et de satin et le heurt d'une épée frappant contre la pierre; sous cette douce clarté d'un jour d'hiver, les femmes parées sont plus belles encore qu'à la lumière intense de mille bougies; les grandes traînes portées par des mains blanches ou soutenues par de jeunes diplomates font comme des gammes claires de nuances diverses s'étageant sans se confondre; ici un vert pâle tout brodé d'argent, là du satin d'un blanc mat, rehaussé de diamants étincelant des couleurs du prisme. Plus bas, d'autres apparitions de femmes aux têtes pâles, couronnées de plumes et de dentelles légères, et entre elles la sombre magnificence des uniformes. Tous montent lentement, graves et sérieux, comme le veut la majesté du lieu tout rempli de souvenirs de gloire et de puissance. MM. les secrétaires et attachés restent les derniers en bas, suivant de l'œil les belles ambassadrices et diplomatesses, et plus préoccupés de ce spectacle que de la cérémonie qui les attend; ils les nomment comme elles apparaissent au tournant de l'escalier... En haut, dans le premier salon, attendent les chambellans de service, qui présentent d'abord leurs hommages aux ambassadrices et vont courtoisement de l'une à l'autre.

On commence à prendre place, et les femmes, en se groupant, forment une haie brillante de vives couleurs; en face d'elles, tout le personnel des ambassades avec leurs uniformes divers et magnifiques qu'éclairent le chatoiement des plaques diamantées et les rubans aux vives nuances. Rien dans cette pièce faite et ornée pour la foule des courtisans ne distrait ni n'écrase; pas de tapis, mais un parquet sombre et brillant aux mille rosaces et sur lequel se détachent admirablement les manteaux de cour qui glissent sans bruit. Comme on ne s'assied pas chez le souverain, les meubles à forme droite sont rangés contre le mur que couvrent les tableaux un peu obscurs dans leurs cadres massifs, et planant sur le tout, couronnant la grande cheminée monumentale, une figure du Temps, sa faux levée et l'air attentif.

Quelques moments, et les portes de la salle du trône vont être ouvertes; elle est vide encore, mais le respect semble y habiter, et l'on y pénètre doucement. Presque toute à la fois, la famille régnante fait son entrée et prend place sur un tapis de pourpre, au-dessous d'un dais aux crépines d'or ; derrière une balustrade dorée et entre deux lions couchants, sont placés les trônes, celui du souve-

rain plus haut, plus magnifique, et celui de la souveraine plus bas et moins riche. Ils s'asseyent pendant qu'un profond salut répond à leur présence ; la famille royale les entoure. C'est un imposant spectacle que celui de ce vieux monarque à l'air noble et avenant, souverain aimé d'un grand peuple, et autour de lui encadrant la Majesté Royale, ses fils et ses filles, et les têtes blondes des princes encore enfants qui savent conserver une gravité sans roideur. Ni morgue ni hauteur chez aucun d'eux, mais ce calme un peu triste des grandes missions acceptées et reconnues ; point d'inquiétude entre un peuple fidèle et un souverain et des princes toujours prêts à payer à la nation la dette de leur sang royal. Il y a un silence respectueux que ne trouble point d'abord le plus léger bruit ; toutes les têtes sont tournées vers les marches du trône. Le souverain parcourt de l'œil l'assemblée, puis, calme et majestueux, se lève, fait un pas en avant, et la main sur la garde de son épée, avec une gravité souriante, s'apprête à recevoir les souhaits qu'on est venu lui apporter...

La cérémonie officielle est commencée, et ce qui s'y passe ne nous regarde plus.

II

LA SOUPE A L'OIGNON.

Elle est longue pour les pauvres diplomates, cette journée du 1er janvier; les ministères, les puissances diverses, officielles et occultes, il faut à tous rendre ses hommages. C'est aussi le jour des dîners officiels, plus cruels qu'un jeûne rigoureux; mais elle finira enfin, cette journée de rudes devoirs; le soir vient et rend à tous leur liberté; nous allons retrouver nos diplomates dans l'intimité et après la pompe du matin aller souper en bonne compagnie.

C'est dans une des rues les plus tranquilles de N...

que MM. les diplomates célibataires ont pour la plupart leur domicile, et que le prince Dobeliansky possède un « premier étage », où il reçoit assez souvent les belles ambassadrices et les aimables collègues qui ne dédaignent pas son pied-à-terre de garçon. C'est là que le soir du 1er janvier va s'assembler pour un souper de camarades la *Société de la Soupe à l'oignon,* composée de la crème de la diplomatie européenne. N'en est pas qui veut de cette association, fondée dans un jour d'ennui profond par un ambassadeur aimable et méridional, et devenue depuis la meilleure consolation des pauvres diplomates en exil. Pour y être admis, il faut d'abord justifier d'un goût sérieux pour la *soupe* qui en est le prétexte, être bien entendu de la carrière, et enfin se voir reçu à l'unanimité des suffrages.

Le président du souper mensuel est tiré au sort, et tout ce qui s'y dit, portes closes et entre associés, demeure un secret mieux gardé que celui des dépêches chiffrées; on peut être à sa guise gai, triste, sceptique, croyant, enthousiaste, vrai même; tout est permis, et jamais on n'a ouï parler d'une indiscrétion.

Mesdames les diplomatesses sont toujours ravies quand la fortune les envoie chez un célibataire, et

Dobeliansky est le modèle du genre. Tout chez lui est irréprochable, les tentures, l'éclairage et le

cuisinier, article de *primo cartello* que le prince n'appelle que « mon cher », et les jours de « *soupe* » il est notoire que M. « Cher » se surpasse lui-même.

A l'heure sonnante, avec l'exactitude de vrais diplomates, les petits coupés sobres qui font le service de nuit roulent discrètement sur le pavé inégal de la rue tranquille; les hommes arrivent à pied, enfouis dans leurs fourrures, fumant la cigarette qu'ils jettent à la porte. Cette porte est ouverte et rend inutile l'inscription primitive qui indique le bouton de cuivre qu'il faut habituellement tirer pour se mettre en communication avec le premier étage. L'escalier est laid, en pierre grise; le gaz brûle faiblement. Dobeliansky a renoncé depuis longtemps à corriger l'horreur de cette entrée et préfère la laisser dans sa laideur naturelle, qui fait ressortir mieux encore le contraste une fois qu'on a franchi le seuil de son chez-lui. Cet escalier, d'ailleurs, met tout d'abord ces dames de bonne humeur; c'est un changement complet, c'est autre chose, c'est l'avant-goût d'un plaisir qui n'a rien d'officiel. La porte de l'antichambre s'ouvre toute seule, et l'on entre dans une grande pièce brillamment éclairée et sentant bon les fleurs fraîches.

Avant d'aller plus loin, présentons nos personnages à nos lecteurs : plusieurs leur sont déjà connus; mais nous tenons à les présenter de nouveau plus à fond.

Madame de Glouskine. — Ambassadrice de Russie, vingt-trois ans, blonde, grande, mince, l'air hautain, mariée depuis peu de temps à Son Exc. M. Serge Glouskine, ambassadeur de Sa Majesté de toutes les Russies, soixante ans, bien conservé, maigre, les cheveux légèrement grisonnants, la moustache rousse, le sourire sceptique, la main longue, blanche et fine.

La marquise Della Primavera. — Italienne, femme d'un premier secrétaire, un peu forte, le teint mat, les yeux bruns, des cheveux immenses. Franche et bonne enfant, trop élégante, trop rieuse, trop parlante; trente ans.

La baronne de Camon. — Vingt-huit ans, femme d'un secrétaire de l'ambassade de France; pas jolie, mais mieux; élégante, parfumée, coiffée et habillée au dernier goût et avec une rare perfection. Sage et un peu austère, quoique aimable; la plus jolie main du corps diplomatique, toujours gantée.

Madame Stuart Boyll. — Trente-huit ans, Anglaise, blond ardent, vaporeuse, peinte à ravir, coquette avec passion, des yeux rêveurs qui n'en finissent pas; sans goût, mais d'une distinction irréprochable.

La comtesse Sonnenbund. — Viennoise, vingt-cinq ans, ne met pas de faux cheveux, porte les siens flottants crêpés, et n'a jamais l'air coiffée; romantique et valseuse infatigable; laide, mais avec un sourire parlant et des petits yeux de flamme; très-fêtée par MM. ses collègues.

Le prince Dobeliansky. — Encore assez jeune pour être chauve avec chic; Russe, riche et raffiné; une légère moustache, le cœur chaud, et diplomate de profession.

Vancouver Lynjoice, ou le plus beau des diplomates. — Une tête d'Antinoüs, une barbe de dieu, une taille d'athlète, le monocle dans l'œil gauche, timide comme une demoiselle, toujours amoureux de personnes intraitables.

De Bove. — Français; petit, bien pris, brun, les cheveux en brosse, la moustache frisée, un pied de femme, une main large et nerveuse; de l'esprit plus qu'il n'en faut; conseiller d'ambassade, trente-sept ans.

Droutzky. — Autrichien; attaché militaire; un

bel uniforme, une belle tournure, un charmant garçon qui n'y met pas de malice.

Le comte Grani. — Ambassadeur d'Italie, avoue trente-neuf ans, fait sérieusement la cour aux femmes, en est adoré; dans les affaires de cour est craint de tous ses collègues, discret comme la tombe; vieux genre très-apprécié.

Serge Tinéeff. — Russe; une mauvaise langue,

potinier indiscret, franchement laid, mais si bien mis ! ne croit qu'à la musique.

Belveduto. — Italien, vingt-quatre ans, brun comme la nuit, des cols trop échancrés, des poignets trop évasés, des gilets trop ouverts, des plastrons trop solidifiés, mais doux, joli homme et persuadé qu'il sera ambassadeur à trente ans.

M. Stuart Boyll, le mari de sa femme, et voilà tout.

Le marquis Della Primavera. — A pour femme la marquise Della Primavera, qu'il salue dans le monde.

Le comte Sonnenbund. — Absent, en congé.

Nos présentations faites, continuons.

Ces dames sont directement introduites dans le fumoir, transformé, pour l'occasion, en chambre de toilette, avec une profusion de miroirs, de bougies, d'épingles et de pelotes habillées comme des mariées. Les premières à arriver sont mesdames de Glouskine et Della Primavera, qui entrent ensemble; elles sont lasses de la rude journée officielle et n'ont envie que de se détendre l'esprit. La belle ambassadrice de Russie est en tulle noir plus léger qu'un souffle et miroitant de jais; la marquise, dans un velours massif tout uni, mais gantant sa taille de déesse. Le noir est de rigueur ici pour les femmes, comme l'interdiction, pour les hommes, du plus petit bout de ruban.

L'amphitryon, le prince Dobeliansky, est debout à la porte du salon, où l'apparition de mesdames Glouskine et Della Primavera est saluée par un cri de triomphe auquel l'ambassadrice répond en posant sa main gauche sur ses lèvres, tandis que la belle Italienne pose la droite sur son cœur; puis elles donnent à baiser leur poignet ganté.

Un instant après, entre la correcte madame de Camon, habillée d'une simple robe de faille; puis vient madame Stuart Boyll, qui a chanté dans l'escalier, chante dans l'antichambre, et fredonne encore en entrant; enfin, toujours la dernière venue, la comtesse de Sonnenbund, prête à faire valser l'homme le plus goutteux.

Il fait bon chez le prince; dans la cheminée flambent les plus grosses bûches du monde; les lampes, voilées de rose, éclairent d'un jour discret les personnages des tapisseries anciennes, aux couleurs sobres et douces. Nulle part de dorure; des meubles bas d'un vert pâle; çà et là quelques beaux bustes de marbre souriant d'une immuable beauté; sur le tapis sombre, des peaux d'ours blanc, chaudes et caressantes à l'œil, et, au centre de la pièce, une grande coupe de craquelé toute remplie de lilas et de roses.

On est à peine au complet, que le souper est annoncé. On entre à son gré dans la salle à manger, on se place de même, et toutes les cuillers frappent à la fois dans la fameuse soupe, qui, chaude et parfumée, fume dans les assiettes. Après une seconde de silence appréciateur, c'est une exclamation générale : Parfaite ! délicieuse ! — Ah ! « Cher » s'est surpassé. — « Cher », on s'en souvient, est le surnom du chef. — Comment se porte « Cher », Dobeliansky ? — Il va bien, mesdames; je lui dirai votre sollicitude.

De Bove. — Mesdames, je mets aux voix si vous n'êtes pas tous d'avis que la carrière de « Cher » est infiniment supérieure à la nôtre. D'abord, elle est plus lucrative; ensuite, « Cher » n'a souhaité la bonne année à aucun souverain, et il a goûté cette soupe-là avant nous.

Le comte Grani fait observer d'une voix douce qu'en effet ils ont tous, ce matin-là, bien mérité de la patrie.

Dobeliansky. — Celui qui s'attend à ce que sa patrie fasse quelque chose pour lui...

La marquise Della Primavera. — Il se prépare de cruelles désillusions. Mais quel front avez-vous de vous plaindre, vous autres? Et nous donc, avec nos traînes, trouvez-vous que ce soit récréant d'être sur pied dès dix heures du matin?

De Bove, *avec une conviction profonde.* — Mais vous étiez belle, ravissante, idéale, tandis qu'un malheureux qui enfile son uniforme en se levant, quelle compensation peut-on lui offrir? Ah! que j'enviais donc ce portier du palais! C'est lui qui avait l'air d'un plénipotentiaire noble et sérieux, avec son chapeau haut de trois pieds, tandis que nous, sans nous flatter, nous avions l'air de magots, même notre Lynjoice qui est si beau. Car il est beau, n'est-ce pas, mesdames? Eh bien, une fois en uniforme, c'est un martyr; il croit avoir des ailes dans le dos, et, comme il n'y est pas habitué, dame, cela le gêne pour marcher. N'est-ce pas, collègue et ami, que notre Lynjoice avait l'air prêt à s'envoler?

Madame de Camon. — Mais non, il était tout à fait gentil; oui, Lynjoice, consolez-vous; mais je voudrais savoir, messieurs, pourquoi vous preniez l'air si chagrin; ça en était néfaste pour un matin de jour de l'an; c'est à qui de vous serait le plus inflexible; sir Edward Love paraissait aux prises avec une arête; S. Exc. l'ambassadeur de France avait mine de vouloir nous exhorter tous à la pénitence finale; seul, le comte Grani avait l'air de ne pas souffrir; vous, Excellence, et le second valet de pied à droite en entrant, je vous donne la palme; en voilà un que ses bas de soie ne gênaient pas.

Dobeliansky. — Pas malin, que Grani ait la mine heureuse : il passe des billets aux princesses.

Madame de Camon. — Comme ça, sous le dais et à la vue des lions couchants ?

Dobeliansky. — Parfaitement; il en avait trois ce matin dans son chapeau.

Grani. — Mesdames, je ne nie pas la chose, je profite généralement des cérémonies officielles pour ce petit commerce.

Glouskine. — Pauvres souverains, ils ne connaissent pas les diplomates!

De Bove. — Ils n'ont pas idée de ce que c'est; ils nous prennent au sérieux, ils nous offrent des galas, et pendant « cette imposante cérémonie », l'auguste prince-héritier cligne de l'œil à la marquise : pas vrai, marchesita ?

La Marquise. — Tiens, vous avez vu cela, vous? C'était un signe convenu; s'il me trouvait très-bien, il devait fermer l'œil gauche.

De Bove. — Eh! mais il a un joli sentiment

des situations, l'auguste prince héritier. Quant à moi, j'ai suggéré à mon chef d'informer le gouvernement que le souverain avait des bottes trop justes ; j'ai découvert cela tout de suite ; on a le coup d'œil diplomatique ou on ne l'a pas ; j'ai proposé aussi de faire mention de la révérence de la république Argentine ; ce n'était pas commun, puis c'est une idée ; elle s'assied par terre, cette femme ; ça la repose.

Dobeliansky. — Non, moi, c'est Fezyl-Pacha que je propose à l'attention de la postérité ; la voiture de cet homme-là est un chef-d'œuvre.

Glouskine. — Messieurs, vous troublez la paix de l'Europe, et Lynjoice, qui est présent...

Lynjoice, très-occupé à expliquer à madame de Sonnenbund par quelles combinaisons machiavéliques il est parvenu à tromper l'opinion publique sur son horreur indigène de la *soupe à l'oignon,* tombe des nues quand on l'interpelle.

Lynjoice. — Plaît-il, mon cher ambassadeur ?

Madame de Glouskine. — Rien, mon bon Lynjoice, rien ; racontez gentiment à madame de Sonnenbund comment vous avez marché sur ma traîne ce matin ; je ne suis pas jalouse ce soir, cher ami ; faites-moi seulement le plaisir d'ôter votre lorgnon quand vous me regardez, et quittez cet air bête; est-ce que vous me prenez pour un souverain, Linjoyce?

Lynjoice essaye d'expliquer à mots couverts que madame de Glouskine est souveraine de bien des cœurs.

Madame de Glouskine. — Lynjoice, vous croyez écrire une dépêche en ce moment; dites que vous m'aimez, et n'en parlons plus.

De Bove. — Et vous, madame, l'aimez-vous un peu, ce pauvre Lynjoice ?

Madame de Glouskine. — De Bove, j'ai horreur de dire ce que je pense; cela enlève toute fraîcheur aux idées.

Grani. — J'apprécie cette petite théorie; elle est vraie et pratique.

De Bove. — En son honneur, je propose la santé du corps diplomatique, si tendrement uni...

Tous. — Oui! oui!

De Bove, *continuant.* — Et surtout la prospérité de la *soupe à l'oignon.*

Ici l'on se lève et l'on se fait raison avec transport. Madame de Glouskine vide d'un trait son verre de champagne et le repose sur la table en le brisant en morceaux du plat de son assiette.

— Pardon, Dobeliansky, mais c'est pour la chance.

— Tout ce que vous voudrez, madame, tant que vous voudrez; je suis votre serf et serviteur; voulez-vous tout ce qu'il y a chez moi? avez-vous envie de briser autre chose? moi, mes gens, tout est à vous...

Madame de Glouskine. — J'y penserai, Dobeliansky. S'il me vient une idée... comptez sur moi.

On continue à toaster avec frénésie à la santé des

uns et des autres, aux souhaits de chacun... de Bove veut en vain faire dire leurs souhaits aux dames.

De Bove. — Je les sais bien, moi, et mieux que vous.

Madame de Glouskine. — Et moi aussi, de Bove, je sais les vôtres.

De Bove. — Eh bien ! alors, faisons les *Petits Papiers* : chacun de nous écrira le souhait de son voisin ou de sa voisine. Voulez-vous, mesdames ? voulez-vous, messieurs ? Et de la franchise ; ni maris ni femmes, tous diplomates...

On se lève en masse pour rentrer au salon, tout le monde parlant à la fois ; la marquise Della Primavera est rêveuse ; madame de Glouskine les défie tous du regard ; madame de Sonnenbund montre ses jolies dents ; elle est prête à dévorer bien des souhaits. Madame Stuart Boyll écoute Belveduto et se tait ; madame de Camon regarde les autres et s'amuse.

De Bove. — Dobeliansky, propriétaire de cette principauté indépendante, commandez des crayons et du papier, ô Altesse !... Attention, mesdames, j'écris les noms d'un côté ; tout le monde y passe, tant pis. De l'autre, vous inscrirez ce que vous souhaitez au propriétaire du nom ; le souhait ira directement à son adresse ; après quoi l'on aura la liberté de réduire en cendres les témoignages de notre bienveillance mutuelle. Maintenant, tous les papiers dans un chapeau ; si l'on se tire soi-même, on se passe au voisin. Allons, mesdames ; allons, collègues de mon cœur, allez-y gaiement.

Tous les papiers sont distribués, le nom soigneusement dissimulé au revers.

De Bove encourage l'inspiration :

— Souhaitez-vous du bonheur, ne vous refusez rien, je vous en conjure.

Dix minutes après, les papiers sont pliés derechef, remis dans le chapeau, secoués et tirés par de Bove ; chacun reçoit le sien.

MADAME DE GLOUSKINE

On lui souhaite d'oublier qu'elle est ambassadrice, apprendre à être femme. — Lynjoice est trop beau. — Conseil d'un ami.

LA MARQUISE DELLA PRIMAVERA

On souhaite à la marquise de se laisser persuader que les absents ont toujours tort. N'est-ce pas ce dont elle désire se convaincre ? Il y a d'aimables princes.

MADAME DE CAMON

On souhaite à madame de Camon d'apprendre de sa couturière si le cœur est à droite ou à gauche.

MADAME STUART BOYLL

D'ajouter le noir aux couleurs du prisme.

MADAME DE SONNENBUND

De se coiffer. — De celui qui écrit ce souhait, elle pourra s'informer.

M. DE GLOUSKINE

La foi qui sauve. — For ever and for ever.

COMTE GRANI

L'*Eau de Jouvence* à l'usage des diplomates.

DOBELIANSKY

De garder « Cher », son cuisinier, qui est menacé. Mais on souhaite des compensations.

LYNJOICE

De mettre son monocle dans l'œil droit pour y voir.

SERGE TINÉEFF

La concorde, montée en pendule.

DE BOVE

D'apprendre qu'il est profondément utile de savoir être bête quelquefois.

STUART BOYLL

De ne jamais être oublié avec les bagages.

DELLA PRIMAVERA

Un ballet cinq fois par semaine.

BELVEDUTO

Une ministresse des affaires étrangères qui ait passé la cinquantaine.

Les souhaits sont lus dans un silence solennel. Personne ne se regarde, et tout le monde s'empresse de jeter son billet au feu.

— Qui est content? demande de Bove.

Pas une de ces dames ne répond. Tous les hommes crient oui à la fois.

— Eh bien! alors, tant mieux, et bonne année à la *soupe à l'oignon!*

TABLE DES MATIÈRES

L'Œuf n° 4.	1
Les Petits Pois.	21
Pauvre Théodore!	37
Où logera Son Excellence.	59
Souliers galants.	81
La Gueule du loup.	101
English Improvement.	127
La Revanche de Vera.	147
Le Retour.	167
La Mazourke de Son Excellence.	179
L'Audience particulière.	201
La Croix de Sainte-Odile.	215
Mystère et Diplomatie.	233
Premier de l'an diplomatique. — I. Grand gala.	257
II. La Soupe à l'oignon.	275

www.ingramcontent.com/pod-product-compliance
Lightning Source LLC
Chambersburg PA
CBHW070740170426
43200CB00007B/589